D1728715

Norbert-Bertrand Barbe

*

"LE PRISONNIER" DE PATRICK MCGOOHAN, COMME RÉVÉLATEUR DE LA FIGURE RÉCURRENTE DE L'"UNHEIMLICHE" FREUDIEN POUR L'ANALYSE DE L'HISTOIRE DES GENRES

Nihil est, quod discere velis, quod ille docere non possit.

BES EDITIONS

"*LE PRISONNIER*" DE PATRICK MCGOOHAN, COMME RÉVÉLATEUR DE LA FIGURE RÉCURRENTE DE L'"*UNHEIMLICHE*" FREUDIEN POUR L'ANALYSE DE L'HISTOIRE DES GENRES

I. Introduction

Nous avons, déjà, plusieurs fois abordé *Le Prisonnier* (29 Septembre 1967-1 Février 1968[1]) en ce que cette série télévisée, écrite, dirigée, produite et jouée par Patrick McGoohan[2], est, selon nous, la meilleure oeuvre audiovisuelle à ce jour.

Nous avons, toujours, essayé d'en tirer l'essence narrative, afin d'en comprendre le sens[3].

Raison pour laquelle, méthodologiquement, nous en avons aborder les motifs.

I.1. Les significatives réccurrences narratives entre les différents épisodes du "*Prisonnier*"

Dans le présent travail, nous utiliserons, plutôt, la série comme révélatrice d'un système représentatif, lié à ce que nous avons appelé le "*héros-monstre*", sur lequel nous nous attarderons ici, afin d'aborder et d'analyser, plus généralement, ce qui est l'Histoire des Genres et de leurs motifs.

On relèvera, pour cela, premièrement, la réccurrence de ceux-ci entre les épisodes. Ainsi, dans:
1. "*A. B. and C.*" (troisième épisode, 13 Octobre 1967[4]), le No 2 devient, à la fin de l'épisode, la troisième figure recherchée par le propre No 2;
2. Similairement, "*The Schizoid Man*" (cinquième épisode, 27 Octobre 1967) traîte du double du No 6;
3. "*The Girl Who Was Death*" (quinzième épisode, 18 Janvier 1968) termine sur le No 6 enfermé dans la fusée

qui devait emporter ses adversaires, préfiguration de celle qui décolle pour le No 1 dans l'épisode final;

4. "*The Chimes of Big Ben*" (deuxième épisode, 6 Octobre 1967) et "*Many Happy Returns*" (septième épisode, 10 Novembre 1967) évoquent le retour sur Londres, à l'instar du dernier épisode, mais aussi la présence, dans la capitale, d'un réseau de traîtres qui font, chaque fois, que le No 6 retourne invariablement au Village, en rendant illusoire sa sortie;

5. La confusion entre les deux lieux (Londres et le Village), et, par conséquent, leurs structures et leurs réseaux d'espionnage, équivalents, voire sur la figure du No 6 et son caractère comme élément indéchiffrable (principe central du héros Winston Smith face à O'Brien dans *1984* [1949[5]] de George Orwell), est le thème de "*Checkmate*" (neuvième épisode, 24 Novembre 1967);

6. "*Do Not Forsake Me Oh My Darling*" (treizième épisode, 22 Décembre 1967) unit les deux motifs: le retour à Londres et le dédoublement (ici par le changement de corps);

7. "*Free for All*" (quatrième épisode, 20 Octobre 1967), "*Hammer into Anvil*" (dixième épisode, 1er Décembre 1967), "*A Change of Mind*" (douzième épisode, 15 Décembre 1967) abordent le combat direct entre le No 6 et le No 2, le No 6, alternativement, gagnant par son astuce ("*Hammer into Anvil*", "*A Change of Mind*") ou perdant par son orgueil ("*Free for All*");

8. Dans "*Free for All*"[6], le No 6 tente de s'exprimer face à une foule dont les réactions, cadencées par les ordres préalables du No 2, de totale indifférence, ou de moquerie ouverte[7] envers le No 6, sont contraires à ce qu'il espère, préfigurant ainsi son impossibilité de parler face à l'assemblée dans le dernier épisode;

9. L'isolement social du No 6 étant aussi le thème de "*A Change of Mind*"; la mort physique symbolique du No 6 terminant "*Dance of the Dead*", et préparant celle du No 2 incarné par Leo McKern dans les deux derniers épisodes (qui n'en font qu'un);

10. De fait, la joute oratoire entre le No 6 et le No 2 exceptionnellement incarné durant tout l'épisode par une femme dans "*Dance of the Dead*" (ce n'est qu'à la fin de "*Free for All*" que le No 58 se révèle comme étant le nouveau No 2) préfigure la cure psychanalytique que le No 2 essaie de faire passer au No 6 dans "*Once Upon a Time*" (seizième épisode, 25 Janvier 1968), dont le titre, en ce sens, est particulièrement révélateur;

11. Les limites de différentiation entre le No 6 et le No 2 se font encore plus floues dans "*It's Your Funeral*" (onzième épisode, 8 Décembre 1967) où le No 6 protège le No 2; le dédoublement du No 2 y faisant écho à celui du No 6 dans "*The Schizoid Man*", mais aussi à la réapparition, dans les deux derniers épisodes de la série, du No 2 déjà incarné par McKern dans le deuxième épisode "*The Chimes of Big Ben*".

L'ensemble de ces éléments peut, facilement, être classé en quatre grands groupes:

A. Généralement, celui du dédoublement (1, 2, 6);

B. En second lieu, l'identité ou la symétrie entre le No 6 et les No 2 (1, 3, 7, 10, 11) et 1 (thème du dernier épisode "*Fall Out*" [1er Février 1968] de la série);

C. En troisième lieu, dans ce cadre, l'identité ou la superposition entre le Village et Londres (3, 4, 5, 6); ainsi, par exemple, de fait, dans "*A. B. and C.*", dont le titre nous renvoie à celui du roman *The A.B.C. Murders* (1936[8]) d'Agatha Christie, le fait que l'hôtesse londonnienne (qui, ainsi, dans l'ordre séquentiel de la série, préfigure l'occupante de l'appartement du No 6 dans "*Many Happy Returns*") de la fête soit, non seulement évoquée pour rappeler les souvenirs du No 6 au Village, mais, également, la conductrice, complice de l'agent double personnifié par le No 2,   est un autre élément, indirect, de renforcement de l'identification entre la capitale et le Village;

D. Finalement, l'isolement social du No 6 (8, 9, 10), thème, à son tour, de son duel avec le No 2 dans "*Once Upon a Time*".

I.2. "*Le Prisonnier*": Introduction au concept du "*héros-monstre*"

Pris ainsi, on découvre que le sous-texte par réccurence des motifs de l'ensemble des épisodes de la série confirme l'analyse originale que nous en avons faite[9], en tant que débat psychanalytique sur le statut de l'individu dans la société, d'où, ainsi (outre son rôle narratif par rapport à la question de l'isolement du lieu pour mieux retenir les espions auxquels les autorités du lieu espèrent soutirer des informations de premier plan), l'indéfinition du Village en tant qu'archétype du monde psychologique[10].

De là que le système narratif reprend la figure du héros-monstre, qui, si l'on se base sur sa présence dans la littérature anglaise, en est typique, sans doute dérivé du *nonsense*[11] et des jeux de miroir de *The Water-Babies, A Fairy Tale for a Land Baby* (1862-1863[12]) de Charles Kingsley et *Through the Looking-Glass, and What Alice Found There* (1871[13]) de Lewis Carroll; en effet, ouvert par la Baronne Emma (Emmuska) Orczy avec *The Scarlet Pimpernel* (*Le Mouron Rouge*, 1905[14]), et repris par Christie dans *The Murder of Roger Ackroyd* (1926[15], troisième roman dans lequel apparaît Hercule Poirot[16]), qui le réutilisera encore dans *Curtain - Poirot's Last Case* (écrit dans les années

1940 et publié en 1975[17]), où, cette fois, c'est le détective qui trompe son ami le Capitaine Hastings, afin de perpétrer un meurtre justifié, on rencontre déjà ce système dans *The Man Who Was Thursday - A Nightmare* (1908[18]) de G. K. Chesterton[19].

Or, il réapparaît dans le film fantastique américano-britannique *The Masque of the Red Death* (1964, Roger Corman[20]) d'après le conte éponyme d'Edgar Allan Poe, où la Mort Rouge se révèle, une fois démasquée[21], n'être autre, ici, que le propre Prince Prospero, interprété par Vincent Price.

C'est bien, identiquement, un masque porté par le No 1 qui découvre au No 6 sa propre image dans "*Fall Out*".

Similairement, le masque qui cache l'ensemble du visage du No 2 dans le troisième rêve du No 6, à la fin de "*A. B. and C.*", rappelle celui du personnage derrière la cheminée[22] du rêve du Dr. Edwardes, élaboré par Salvador Dalí pour Alfred Hitchcock dans *Spellbound* (1945[23]). On rappellera que, dans ce film, l'assassin est le Dr. Murchison, Directeur de Green Manors.

Sa relation duelle avec son remplaçant, le Dr. Anthony Edwardes, qu'il tuera plutôt que d'accepter la retraite, et son suicide final[24], sont autant d'éléments qui mettent en relation Murchison avec le No 2, que ce soit dans "*Fall Out*", "*A Change of Mind*" ou dans "*Free for All*" (où le No 6 gagne les élections[25]).

L'empêchement de s'exprimer[26], que l'on retrouve dans *L'Homme qui Rit* (1869[27]) de Victor Hugo, comme dans *Meet John Doe* (1941, Frank Capra[28]), ou bien encore, comiquement, dans *L'Auberge Rouge* (1951, Claude Autant-Lara[29]), lorsque le moine, joué par Fernandel, essaie d'avertir les passagers de la voiture de poste, mais que ceux-ci l'entraînent sans l'écouter[30], est un signe, parmi d'autres, de l'insociabilité du No 6, tout comme, en ce sens, son isolement programmé dans "*A Change of Mind*", ce qui nous renvoie, par une autre voie, à la question psychologique, que nous avons évoquée avec la "*figure-symbole*" du Village.

II. L'Ombre

"L'ombre n'existe pas. Ce que tu appelles ombre, c'est la lumière que tu ne voies pas."[31]
(Henri Barbusse, Jésus, XI-56)

II.0. Avertissement

Nous plaçons le présent travail sous l'égide du célèbre texte de Sigmund Freud, Une névrose démoniaque au XVIIème siècle (1922), dans lequel il montre comment le Diable, invoqué par le possédé et avec lequel il a conclu un pacte, devient en réalité le substitut de son père récemment décédé.

D'autre part, nous voudrions demander au lecteur un peu de patience dans la progression de notre travail, d'accepter, et d'assumer avec nous, les circonvolutions nécessaires, et même indispensables, afin de mettre en évidence un problème complexe, mais que nous croyons central, de la psyché humaine: son rapport avec ce que Freud, lui aussi, appelait "*L'Inquiétante étrangeté*" ("*Unheimliche*"), dont nous tenterons à continuation de proposer une étude interdisciplinaire, à mi-chemin entre l'histoire des mentalités et la psychologie sociale.

II.1. L'"*Unheimliche*" freudien dans "*L'Homme au sable*" d'E.T.A. Hoffmann
II.1.a. Introduction

Freud, dans son célèbre essai "*Das Unheimliche*" (1919) a défini cet "*Unheimliche*" ou "*Inquiétante étrangeté*" à partir de l'étude de la nouvelle d'E.T.A. Hoffmann "*L'Homme au sable*" (1815).

Dans la première partie, introductive, de son texte, Freud considère le problème linguistique de l'"Unheimliche", un concept exprimé par un mot qui n'a pas d'équivalent dans une autre langue.

Cependant, Freud considère que le concept exprimé par l'allemand est universel.

Le français le définit dans de nombreux cas comme du "*déjà vu*".

II.1.b. E.T.A Hoffmann

On peut reconnaître dans les circonvolutions du héros de Hoffmann un thème qui intéresse particulièrement Freud, étant similaire à celui de "*L'homme aux rats*" (1909) des *Cinq conférences sur la psychanalyse* (1909-1910).

La persécution par la figure paternelle étudiée par Freud est similaire à ce qui se passe dans cet essai, dans l'histoire de Hoffmann. En d'autres termes, l'"*Unheimliche*" est un aspect compositionnel du complexe oedipien.

Cependant, nous ne sommes pas entièrement d'accord avec Freud sur le caractère confus des personnages du conte.

Le récit commence par un échange épistolaire et se poursuit sous la forme d'une narration par un narrateur hétérodiégétique, dont la voix est intégrée au récit afin de préciser au lecteur le tempérament du héros.

Le recours, à notre connaissance inhabituel, est surprenant. Nous en trouvons certainement un similaire dans

Jacques le Fataliste et son maître (1796) de Diderot, où il entrecoupe l'histoire de considérations littéraires sur la véracité du récit. Au XXème siècle, Jean Ray, puis Umberto Eco, ce dernier directement influencé par la superposition du texte littéraire à la réalité racontée par Jorge Luis Borges, utiliseront les plans du récit pour mettre en œuvre la multiplicité des voix, aboutissant au principe de Camilo José Cela et de son roman *La Colmena* (1951), et, en Amérique latine, de Cortázar et *Rayuela* (1963). *Malpertuis* (1943) de Ray doit autant, dans la structure en journaux, à *Dracula* (1897) de Bram Stoker que ce dernier à "*L'Homme au sable* " de Hoffmann. Poe, dans ses vastes introductions théoriques à ses histoires, dont Borges s'est approprié l'usage, comme Diderot dans Jacques le Fataliste, révèle, comme Hoffmann dans sa nouvelle, les prémices des genres narratifs dans leur processus de création et leur apogée au XIXème siècle.

Or, comme le souligne Rodrigo Peñalba dans ses nouvelles de *Holanda* (2007[32]), l'apparition de la figure du narrateur prenant explicitement possession de la figure protagonique est révélatrice d'un processus d'appropriation et de filiation. Ainsi, à la manière de Charles Perrault, Hoffmann justifie son début en avertissant le lecteur des débuts possibles qu'il a écartés, et en profite pour recréer pour nous le contexte qui a propulsé la relation perceptible entre les auteurs des lettres précédentes, qui ont initié le conte.

La mort du père de Nathanael, le héros, fait entrer chez lui Clara et Lothaire, deux frère et sœur également orphelins. La famille est alors restructurée par une scission qui permet à Nathanael d'obtenir un haut degré de satisfaction sensuelle, par l'intermédiaire de Clara, à laquelle, comme le dit le récit, il a été immédiatement uni par "*un vif penchant auquel personne au monde n'avait rien à objecter*"[33]. Cette remarque semble étrange et inutile, à moins qu'il n'y ait eu un autre type de relation qui ait été interdit au préalable.

C'est là que réside l'identité créée dès la première ligne de l'histoire entre la mère et Clara: "*Ma mère doit être fâchée, et Clara croit peut-être que je suis ici en goguette, et que je n'ai plus souvenance d'une charmante figure d'ange, dont mon cœur et ma pensée gardent pieusement l'image.*"[34]

Le tempérament des trois femmes de l'histoire est assez similaire: pratique et silencieux. C'est la tristesse de la mère contre les contes du père. C'est Clara, qui, "*pour l'épargner s'abstenait de donner son avis*"[35] face aux longues explications métaphysiques de Nathanael, qui lui faisaient penser que "*des secrets de cette profondeur étaient impénétrables pour les âmes froides et insensibles, sans s'avouer positivement qu'il rangeait sa Clara au nombre de ces natures inférieures*"[36]. C'est "*la muette et raide Olympie, qu'on taxait, malgré son extérieur séduisant, d'une stupidité absolue*"[37] en raison de son comportement en société.

À ce niveau de l'étude, il faut considérer que toute l'histoire fonctionne sur le principe du transfert et de l'inversion des relations.

À la mort du père, l'amour de Nathanael devient possible, et la figure de substitution est identifiée à Lothaire, le frère de Clara, qui est plutôt le proxénète de leur relation. Le seul moment où ils entrent en conflit est lorsque Lothaire se met en colère contre le manque d'affection de Nathanael, obsédé par ses visions envers sa sœur. Mais tout se résout heureusement.

Il est significatif que dans la première lettre adressée à Lothaire, Nathanael lui demande, en lui disant au revoir, de ne pas informer sa mère et promet une autre lettre pour Clara. Mais, apparemment par négligence, un geste manqué, il a mis la lettre au nom de Clara, c'est donc Clara qui, clarifiant cette erreur, lui répond.

Peu avant la mort de son père, c'est sa mère qui, précise Nathanael dans la première lettre, alors qu'il avait dix ans, "*me retira de la chambre des enfants, et m'installa dans une petite pièce qui donnait sur un corridor, non loin du cabinet de mon père*"[38].

En découvrant les expériences de son père avec Coppelius, il se rend compte qu'en travaillant avec lui, son père "*ressemblait à Coppelius!*"[39]

Lorsqu'il se dispute avec Clara, Nathanael la traite comme un "*Automate inanimé! automate maudit!*"[40], ce qu'est en réalité Olympie.

Après sa dispute avec Clara, à son retour dans la ville de G. où il a été faire ses études, Nathanael retrouve incendiée la maison où il vivait, ce qui lui permettra d'oublier Clara et sa passion pour Olympie, puisque la nouvelle maison où ses amis l'ont relogé avec ses affaires sauvées de l'incendie était située, précisément, en face de celle d'Olympie. Ainsi, de même que, dans son enfance, la mort de son père par le feu (due à l'explosion du fourneau alchimique) rapproche Nathanael de l'amour, l'incendie de sa première maison le pousse à aimer Olympie.

Enfant, il est important que ce soit à lui que revienne l'honneur évoqué dans la première lettre d'allumer la pipe de son père lors des veillées, "*ce qui m'amusait infiniment*"[41].

C'est donc l'allumage du feu, le travail de Nathanael, qui lui procure du plaisir et dirige son destin. Alors que le garçon allumait joyeusement la pipe de son père, l'attitude de sa mère était empreinte de tristesse. De même, le déménagement de Nathanael dans la chambre près de son père, qui entraîne la mort de ce dernier, est le choix de sa mère. Ainsi, la situation de préférence naturelle de la mère pour le père se transforme dans le récit en une relation de préférence entre le père et le fils, favorisée par la mère, même si elle se sent ainsi rejetée, ce qui provoque sa tristesse.

Ainsi, vaincu et mort, le Père-Croque-mitaine, qui effrayait l'enfant dans la nuit, retrouve sa propre figure.

"Devant le foyer fumant, sur le plancher, mon père était étendu mort, la figure noire, brûlée, et les traits horriblement décomposés; à côté de lui, mes sœurs criaient et se lamentaient, ma mère était évanouie auprès d'elles. «Coppelius! Satan! scélérat! tu as tué mon père!» m'écriai-je et je perdis l'usage de mes sens. — Quand, le surlendemain, on mit mon père dans le cercueil, l'aspect de son visage était redevenu doux et bon, comme de son vivant. Mon âme conçut la pensée consolante que, peut-être, son commerce avec le réprouvé Coppelius ne l'avait pas précipité dans la damnation éternelle."[42]

Face à la mère et au père, l'enfant voit encore la figure du méchant Homme au sable, ou plutôt *"la figure noire, brûlée, et les traits horriblement décomposés"* de l'homme qui était devenu son père. Ce n'est qu'après deux jours que ses traits deviennent sereins et doux comme d'habitude.

Nathanael est un enfant unique, il n'a que des sœurs, son rôle de dépendance vis-à-vis de son père est donc plus important.

Coppelius, en disparaissant après la mort du père, comme en apparaissant à l'arrivée de Nathanael à G., en disparaissant encore après la querelle d'Olympie, en laissant toujours Nathanael comme premier et dernier témoin, et en réapparaissant, dirigeant et disparaissant après la folie finale de Nathanael, en fait un ami secret, une main étrangère, une autorité extérieure à l'esprit de Nathanael.

En effet, ses apparitions se produisent à des moments de tension dans le désir de Nathanael pour des objets spécifiques: sa mère à l'âge de 10 ans, Olympie à G., qui est la source de la tension qui lui fait oublier Clara, même de lui écrire (en changeant la pureté d'"*une charmante figure d'ange*"[43]: Clara, comme le disent les premières lignes du conte, pour une sensuelle et adulte: Olympie, à qui Nathanael donnera une bague), et oblige Coppelius à réapparaître. Le don de l'anneau à Olympie met Nathanael dans une relation difficile par rapport à sa passion toujours déclarée pour Clara. Coppelius lui-même, devenu

Coppola dans sa nouvelle ville, est issu de cette superposition symbolique d'événements et de personnages les uns sur les autres.

Les yeux, éléments de base de ces rencontres entre Nathanael et Coppola, ont une valeur répétitive:

1. Les enfants devant l'Homme au sable qui, dans la version de la mère, ferme les yeux, dans la version de la bonne, les arrache pour faire rire ses propres enfants;
2. Les yeux de l'enfant qui, parce qu'il s'est mis à espionner son père, en étant découvert, réussit de justesse à sauver ses yeux de la cupidité de Coppelius qui veut les utiliser à ses fins;
3. L'absence d'yeux des figures humaines qui entouraient Coppelius et le père de Nathanael dans leurs expériences;
4. Le regard froid de Clara, lorsque Nathanael lui lit ses textes:
5. Les lentilles oculaires vendues par Coppola;
6. Les yeux d'Olympie, beaux mais fictifs;
7. Les jumelles achetées à Coppola et qui permettent à Nathanael d'observer Olympie et qui, à la fin du conte, le conduisent à attenter contre Clara.

Le plaisir que prend Nathanael à allumer la pipe de son père (symbole de lumière, de force, de virilité) est assimilé au "*vif plaisir*"[44] de Clara lorsqu'elle écoute ses écrits avant que Coppelius ne réapparaisse dans la vie de Nathanael. Et avec les "*amoureux transports* (qui) *enflammaient*"[45] Nathanael lorsqu'il danse avec Olympie au bal de présentation de celle-ci.

C'est en regardant derrière un rideau qu'il parvient à espionner son père, enfant, et Olympie, adulte.

Là où Nathanael pouvait, en tant qu'enfant, éviter le processus de conquête en tuant symboliquement le père et en acquérant ainsi un objet de désir non partagé (Clara), c'est en se débarrassant de cet objet que l'adulte peut franchir toutes les étapes pour offrir la bague de fiançailles à Olympie.

Mais, interrompu par la tension de possession entre le père d'Olympie et Coppola - l'ami secret/autre moi de Nathanael - c'est contre l'objet initial, Clara, que s'exprime la violence de Nathanael lorsqu'il la regarde à travers les jumelles de Coppola.

On ne peut pas comprendre cette séquence si on ne voit pas la relation de dérivation entre les épisodes.

C'est en "*tira*(nt) *de sa poche la lorgnette de Coppola*"[46] "*Sans qu'on s'en aperçut*"[47] que Nathanael peut regarder Olympie lors de la danse, de sorte qu'"*il aperçut alors avec quelle langueur elle le regardait, et comment son tendre regard, qui pénétrait et embrasait tout son être, exprimait à l'avance chaque nuance de son chant: ses roulades compliquées résonnaient à son oreille comme les cris de joie céleste de l'âme exaltée par l'amour*"[48]. C'est la mêmes lorgnette qu'il avait utilisée pour voir Olympie au moment où il les acheta:

"*Aussi Nathanael résolut, par forme de réparation, d'acheter effectivement quelque chose à Coppola. Il prit une petite lorgnette de poche très-artistement travaillée, et alla pour l'essayer à la fenêtre. De sa vie, il n'avait encore rencontré un verre qui rapprochât et peignit aux yeux les objets avec autant de netteté, de précision et de justesse. Il regarda par hasard dans la chambre de Spallanzani: Olympie était assise comme à l'ordinaire devant la petite table, les bras appuyés dessus et les mains croisées. Nathanael vit alors pour la première fois l'admirable régularité des traits d'Olympie; ses yeux seulement paraissaient étrangement fixes et inanimés. Mais à force de regarder attentivement à travers la lorgnette, il lui sembla voir comme d'humides rayons lunaires se réfléchir dans les yeux d'Olympie, et la puissance visuelle s'y introduire par degrés, et le feu de ses regards devenir de plus en plus ardent et vivace.*"[49]

Cet épisode, dans lequel "*Nathanael était retenu à la fenêtre comme ensorcelé, et ne pouvait se lasser de contempler la céleste beauté d'Olympie*"[50], exprime indirectement mais explicitement un processus d'envoûtement. Les yeux d'Olympie sont morts jusqu'à ce que, le regardant lui, ses yeux à elle s'humidifient, comme si elle le voyait pour la première fois, les yeux d'Olympie s'animant à mesure qu'ils sont attirés par le regard de Nathanael.

C'est ce processus d'intrusion vampirique qui humidifie les yeux d'Olympie avec des rayons de lune.

La servante avait dit à l'enfant Nathanael:

"— *Ah, Thanel, répondit celle-ci, tu ne le sais pas encore? C'est un méchant homme qui vient trouver les enfants quand ils refusent d'aller au lit; alors il jette de grosses poignées de sable dans leurs yeux, qui sortent tout sanglants de la tête; puis il les enferme dans un sac, et les emporte dans la lune pour servir de pâture à ses petits, qui sont dans leur nid. Ceux-ci ont, comme les hiboux, des becs crochus avec lesquels ils mangent les yeux aux petits enfants qui ne sont pas sages.*"[51]

C'est-à-dire qu'Olympie apparaît comme l'une de ces filles lunaires de l'Homme au sable. D'autre part, le poème prémonitoire de Nathanael:

"*Cependant il lui vint à l'esprit de composer un poème sur la sombre intervention que ses pressentiments attribuaient à Coppelius dans ses amours. Il se représenta, lui et Clara, unis d'une tendresse pure et constante. Mais par intervalles, une influence funeste apparaissait pour les priver de quelque bonheur prêt à s'offrir à eux. Enfin, au moment où ils marchent ensemble à l'autel, le terrible Coppelius se montre, et touche de sa main hideuse les yeux charmants de Clara; aussitôt ils sortent de leur orbite et, comme des charbons rouges et embrasés, tombent sur la poitrine de Nathanael: Coppelius alors le saisit et l'entraîne dans un cercle de feu qui tourbillonne, siffle, mugit et l'emporte avec la vitesse de l'ouragan; c'est un fracas pareil à celui des vagues de l'Océan, soulevées par la tempête en fureur et entrechoquant leurs cimes écumeuses comme de noirs géants à la tête chenue.*"[52]

Devient une réalité, mais avec Olympie:

"*Le professeur Spallanzani semblait enchanté des relations de sa fille avec Nathanael; il comblait celui-ci des témoignages positifs de sa bienveillance, et lorsqu'enfin Nathanael se hasarda, non sans de grandes réticences, à faire allusion à un mariage avec Olympie, le professeur, souriant d'un air radieux, répliqua qu'il laisserait sa fille entièrement libre de son choix. — Encouragé par ses paroles, et le cœur bouillant de désir, Nathanael résolut de solliciter d'Olympie, dès le jour suivant, une déclaration franche et précise de ce que depuis long-temps lui avaient révélé ses délicieux regards de tendresse, à savoir qu'elle consentait à se donner à lui pour toujours. Il chercha la bague qu'il avait reçue de sa mère en la quittant, pour l'offrir à Olympie comme symbole de son dévouement, de son initiation à une vie nouvelle qu'elle devait charmer et embellir. Les lettres de Lothaire et de Clara lui tombèrent à cette occasion sous la main, il les jeta de côté avec indifférence; il trouva la bague, la mit dans sa poche et courut chez le professeur pour voir Olympie.*
Il avait monté l'escalier et pénétrait dans le vestibule, quand il entendit un tapage effrayant qui semblait venir du cabinet de travail de Spallanzani. — Des battements de"

pieds, un cliquetis étrange, — un bruit de ressorts, — des coups redoublés contre la porte, entremêlés de juremens et de malédictions: «Lâche... lâche-la donc, — infâme! — Scélérat! — Sais-tu que j'y ai sacrifié mon sang et ma vie? — Ha! — Ha! — ha! ha! ha! — Ce n'est pas ainsi que nous avons parié. — C'est moi, moi! qui ai fait les yeux. — Moi les rouages! — Maudit imbécille avec tes rouages! stupide horloger! — Satan! chien damné! sors d'ici! — Arrête! — Fourbe! charlatan! — Vieil animal! lâcheras-tu? — Au diable! — Lâche donc!»

Dans ces deux voix, sifflant et mugissant ensemble, Nathanael reconnut celles de Spallanzani et de l'affreux Coppelius. Il se précipita dans la chambre, saisi d'une angoisse indéfinissable. Le professeur tenait par les épaules et l'italien Coppola par les jambes une figure de femme qu'ils se disputaient l'un à l'autre, l'arrachant et la tiraillant avec une fureur sans pareille. Nathanael fit un bond en arrière, frappé d'une horreur inexprimable... Dans cette femme, il avait reconnu Olympie! Transporté d'une farouche colère, il allait défendre sa bien-aimée contre ces furieux; mais, au même instant, Coppola, donnant avec une force de géant une secousse terrible, fit lâcher prise au professeur, et lui appliqua avec la femme même un coup si violent sur la tête, que celui-ci chancela et tomba à la renverse par-dessus une table couverte de fioles, de cornues, de flacons et de tubes de verre. Toute la boutique se brisa en mille morceaux. Soudain Coppola chargea Olympie sur ses épaules, et, riant aux éclats d'une façon abominable, il se mit à courir et à descendre l'escalier de sorte que les pieds pendants de la misérable figure se choquaient et résonnaient comme des morceaux de bois contre les marches.

Nathanael était pétrifié. Il n'avait que trop clairement vu. — Le visage d'Olympie, pâle comme la mort, était en cire, et dépourvu d'yeux: de noires cavités en tenaient la place. Ce n'était qu'une poupée inanimée. — Spallanzani se roulait à terre, les morceaux de verre lui avaient coupé et lacéré la tête, les bras, la poitrine: son sang coulait à flots. Mais rassemblant toutes ses forces: «Après lui! cria-t-il, à sa poursuite! sans nul délai. — Coppelius! Coppelius! voleur infâme! — Mon meilleur automate! — le fruit de vingt années de travail, le prix de ma vie et de mon sang! — Les rouages, le mouvement, la parole! tout m'appartient. — Les yeux... oui, je lui ai pris les yeux! — Réprouvé! Belzébuth! — après lui! cours... rapporte-moi Olympie: tiens! voilà les yeux!»

Nathanael vit alors deux yeux sanglants gisants par terre et le regardant fixement: Spallanzani les saisit de sa main la moins endommagée, et les lui jeta de telle sorte qu'ils vinrent frapper sa poitrine. — Soudain la folie imprima sur Nathanael ses griffes ardentes et s'empara de tout son être en brisant les ressorts du jugement et de la pensée. «Hui! hui! hui! — cercle de feu! — cercle de feu, tourne, tourne! — allons, gai! — poupée de bois, hui! belle petite poupée! tourne, tourne donc!»"[53]

L'incompréhension totale de Nathanael face à l'absence de réaction d'Olympie à son égard:

"*Nathanael extrayait du fin fond de tous ses tiroirs tout ce qu'il avait écrit ou composé autrefois, poèmes, fantaisies, nouvelles, rêveries, romans; et chaque jour, il y ajoutait une multitude de sonnets, de stances, de ballades fantastiques qu'il lisait et relisait à Olympie durant des matinées entières, sans se lasser et sans discontinuer. Mais aussi c'est qu'il n'avait jamais eu un auditeur aussi excellent. — Olympie ne brodait ni ne tricotait, elle ne regardait pas à la fenêtre, elle ne donnait pas à manger à un petit oiseau, elle ne jouait pas avec un petit bichon, elle ne roulait pas dans ses doigts de petites bandes de papier, ni rien autre chose, elle n'avait jamais besoin de comprimer un baillement par une petite toux forcée. — Bref, elle regardait son amant dans les yeux, durant des heures d'horloge, dans une attitude fixe et immuable, sans bouger, sans souffler, et son regard s'animait toujours de plus de vivacité et d'ardeur. Seulement, lorsqu'enfin Nathanael se levait et lui baisait la main ou même la bouche, elle disait: «Ha! — ha!» et puis après: «Bonne nuit, mon cher!»"*[54]

Ne s'explique que parce qu'en cela il domine complètement la situation, à la différence de ce qui se passe avec Clara, dont le silence calme est de jugement, à l'inverse de celui d'Olympie.

Ainsi, Olympie et Clara sont des figures opposées mais identiques. Les deux sont finalement dénoncées, Clara par Nathanael, Olympie par le narrateur, comme des automates.

Il est donc intéressant qu'à l'imperturbabilité du personnage de Clara-Olympie corresponde la violence des situations à laquelle la présence de Nathanael les induit.

Lorsqu'il va remettre la bague à Olympie, il est confronté à la querelle Spallanzani-Coppola. Dans une pièce où il dort apparemment séparé de sa mère et consacrée à la fabrication d'automates vivants, le père de Nathanael affronte Coppelius. Ce que Spallanzani a réalisé est ce qui a vaincu le père de Nathanael: donner la vie à une "*poupée de bois*".

Ainsi, indirectement, dans une tentative ratée de procréation sans la présence de la mère, le père mourra indirectement des mains de Nathanael-Coppelius. L'affirmation du père, racontée par Nathanael, selon laquelle ce serait la dernière rencontre avec Coppelius, devient une prémonition exacte. De fait, dans le duel, Coppelius gagne toujours.

Ainsi, dans le poème de Nathanael, c'est Coppelius qui, avant qu'ils ne puissent consommer leur mariage devant l'autel, touche les yeux de Clara, les rendant impurs. Comme lorsqu'ils étaient enfants:

"Mais ce qui nous déplaisait le plus en lui, à nous autres enfants, c'étaient ses gros poings osseux et velus, au point que nous ne voulions plus de ce qu'il avait touché de ses mains. Il s'en était aperçu, et ce fut alors une jouissance pour lui, quand notre bonne mère nous mettait à la dérobée sur notre assiette un morceau de gâteau ou quelque fruit confit, d'y porter la main sous quelque prétexte, de sorte que, les larmes aux yeux, nous rebutions de dégoût et d'horreur les friandises qui devaient nous combler d'aise. Il en faisait autant, lorsque notre père, aux jours de fête, nous avait versé un petit verre de vin sucré; il passait vite son poing par-dessus, ou même il portait parfois le verre à ses lèvres bleuâtres, et riait d'un air vraiment diabolique à voir notre répugnance muette et les sanglots étouffés qui manifestaient notre chagrin."[55]

Les yeux de Clara, souillés par la main de Coppelius, sautent à la poitrine de Nathanael, Coppelius jetant à son tour Nathanael dans le feu avec ses mains (ce qui déroule l'histoire du père, Nathanael souffrant dans le poème ce que le père souffre dans la réalité).

Si, dans l'histoire de Nathanael, Coppelius le trompe:

"Mais au travers de ce désordre sauvage la voix de Clara se fait entendre — «Me voici! qui t'empêche donc de me voir? Coppelius t'a abusé: ce n'étaient pas mes yeux qui brûlaient ainsi ton sein, mais des gouttes ardentes du sang de ton propre coeur; j'ai mes yeux, regarde-moi donc!"[56]

Le fait que, lors de la lecture du poème à haute voix, Nathanael ne reconnaisse pas sa propre voix et s'effraie lui-même révèle qu'à certains moments, son esprit se dédouble sans qu'il s'en rende compte.

Si, comme nous l'avons dit, les douces figures féminines sont jetées dans des situations extrêmes, il est également notable que, finalement, c'est un doux paysage qui provoque la folie meurtrière de Nathanael. Cela nous laisse supposer que, derrière l'apparente tranquillité des situations, se cachent des motifs inavoués.

Nathanael arrive à la maison d'Olympie quand il veut l'épouser et voit la bagarre entre Spallanzani et Coppola.

De même que devant sa mère embrassant son père mort, Nathanael ressent le besoin de crier avec Coppelius, en lui jetant les yeux sanglant d'Olympie à la poitrine, Spallanzani reconnaît le vol qu'il a fait à Coppola et reproduit involontairement le geste de Clara dans le poème. Il y a donc une identification entre Coppola et Nathanael:

"— *Les yeux... oui, je lui ai pris les yeux! — Réprouvé! Belzébuth! — après lui! cours... rapporte-moi Olympie: tiens! voilà les yeux!*"[57]

Ainsi, lorsque Coppelius profite des yeux de Clara, il devient l'adversaire de Nathanael. En lui jetant les yeux d'Olympie, Spallanzani semble confondre et identifier Coppelius et Nathanael.

Le début du conte:

"*En outre, il ne nous appelait jamais autrement que les petites bêtes; enfin, il nous était interdit de donner, en sa présence, le moindre signe de vie, et nous maudissions le vilain et méchant homme qui se complaisait avec calcul à empoisonner le moindre de nos plaisirs. Notre mère paraissait détester autant que nous le hideux Coppelius; car, dès qu'il se montrait, sa gaîté, ses manières franches et naïves faisaient place à une gravité triste et sombre. Pour notre père, il se conduisait à son égard comme si c'eût été un être supérieur, dont on dût supporter toutes les impolitesses, et qu'il fallût tâcher, à tout prix, de maintenir en bonne humeur. Aussi l'autre n'avait qu'à faire un léger signe, et ses plats de prédilection étaient aussitôt apprêtés, et les vins les plus précieux lui étaient servis.*"[58]

Nous donne deux informations importantes:

1. La mère joyeuse, à l'apparition de Coppelius, celui qui rend tout impur, en assumant les sentiments de Nathanael, devient triste. Ainsi, il est significatif que c'est en l'absence de la mère (immatériellement présente: le four-utérus; les figures humaines-enfants, dans *Dead Silence*, 2007, de James Wan et Leigh Whannell), que le père-Coppelius croît procréer, nous laissant soupçonner un type très particulier de découverte de l'enfant de dix ans, face au père transformé en horrible Coppelius, semblable au père violeur de *Twin Peaks* (1990-1991, Mark Frost et David Lynch).
2. Que ce Coppelius qui privait les enfants de leurs friandises, et qui était reçu comme un maître par le père

de Nathanael, avait donc, dans la maison, des pouvoirs totalement paternels.

Nous avons donc un panorama dans lequel Coppelius, dont le nom, plutôt dans sa deuxième forme, Coppola, évoque l'acte de copulation, apparaît comme un double, tantôt du père (lorsque Nathanael le trouve dans la chambre), tantôt de Nathanael lui-même (devant Spallanzani).

"«Regarde donc le singulier petit buisson gris là-bas; on dirait qu'il s'avance vers nous,» dit Clara. Nathanael chercha machinalement dans sa poche de côté; il trouva la lorgnette de Coppola. Il la dirigea sur la plaine... Olympie était devant le verre! — Un tremblement convulsif parcourut ses veines et son pouls sursaillit. Pâle comme la mort, il regarda Clara fixement... Mais tout d'un coup ses yeux, roulants dans leurs orbitres, lancèrent des rayons de feu, il mugit affreusement tel qu'une bête féroce, puis il bondit en l'air à une hauteur extrême et cria avec un rire perçant et horrible: «Poupée de bois, tourne! — Tourne, poupée de bois! tourne!» Alors il saisit Clara avec une violence formidable et voulut la précipiter en bas; mais Clara, dans son angoisse mortelle et désespérée, s'accrocha à la rampe avec force."[59]

Le regard sauvage que la vision de Clara à travers la lorgnette de Coppola provoque chez Nathanael est un rappel de ce qu'il a vu à travers cette même lorgnette dans les yeux d'Olympie. Qu'il voit en Clara un double d'Olympie, qu'il reconnaisse dans les yeux de Clara ce qu'il a perdu en tombant amoureux d'Olympie, ou qu'il confonde la flamme de l'amour dans les yeux de Clara avec la flamme vampirique dans les yeux d'Olympie.

Trois femmes, trois poupées soumises au destin (la mère obéissant au père, Clara protégée par Lothaire, Olympie sous le joug de son père-créateur); face à elles, dans les trois situations, Nathanael se tourne vers Coppelius-Coppola: avec la mère, contre le père; Coppelius est encore ici une forme du père castrateur dans sa version autoritaire, qui s'oppose au père doux et bavard du jour. Nocturne, il est celui qui oblige les enfants à se coucher, pour ne pas découvrir les secrets de fabrication des enfants-automates (comme Olympie-fille). Au lieu de révéler le processus, l'Homme au sable cache ce qui a déjà été créé: les enfants pour les voler dans un sac et les amener au croissant de lune (symbole de la fécondation).

Avec Clara, le poème révèle les tensions de Nathanael entre un amour platonique d'enfance qu'il veut dépasser sans pouvoir le faire, et un amour d'adulte qui ne se réalise pas, celui d'Olympie.

Assumant à son tour le rôle de Coppelius (père)-Coppola (fils), le second étant la création du premier, Nathanael défie le père d'Olympie en lui proposant un mariage que, selon le texte, il accepte d'une manière extrêmement (nous dirions trop) joyeuse (comme la mère si désireuse de céder sa place au fils, offrant à Nathanael une chambre à côté du père), mais sans donner un oui catégorique, laissant à sa fille un choix "*libre*" qui permet, et au niveau narratologique introduit, le combat Spallanzani-Coppola.

Le choix de situations déviantes pour en exprimer d'autres est une ressource inhibitrice supplémentaire dans l'histoire de Nathanael: nous avons vu que la prétendue quête alchimique était, en réalité, celle de la création d'automates-création/castration d'enfants privés d'yeux, comme ceux qui, à l'instar de Nathanael, ne s'endorment pas à temps. En ce sens, la fin du poème de Nathanael est évocatrice, où, comme Ouranos, il est jeté, avec les yeux de Clara (ses propres testicules), dans "*la tempête en fureur et entrechoquant leurs cimes écumeuses comme de noirs géants à la tête chenue*"[60].

La lutte contre Lothaire évoque la trahison prochaine:

"- *Pourras-tu me pardonner jamais, ma bien-aimée Clara!... Peux-tu me pardonner Lothaire, mon frère bien-aimé!*"[61]

La lutte entre Spallanzani et Coppola pour l'automate est le problème, comme dans la mort du père, de la représentation sanglante de la déposition, symbolisée celle-ci par le don de l'anneau, et de la libération du joug paternel.

De fait, l'amour de Nathanael est tellement narcissique qu'il met la bague à son propre doigt, sans jamais réussir à l'offrir.

C'est cet infantilisme sexuel et sentimental de Nathanael qui le conduit à se mettre en colère contre Clara au moment où, s'éloignant de la mère et de Lothaire, le substitut originel du père, face au processus d'ascension dans la tour, Nathanael préfère se priver de l'amour de Clara et la rejeter loin de lui.

Il est également significatif que Coppola ait été vendeur de baromètres, lesquels mesurent l'élévation de la chaleur.

La mort de Nathanael, dont le nom est celui d'un ange séraphique qui signifie "*Don de Dieu*"[62] (c'est-à-dire un pur esprit, d'où la dichotomie avec les pulsions physiques ressenties par le héros de Hoffmann), finit par sceller son destin d'homme-enfant en tension œdipienne permanente, avec la figure polymorphe de Coppola, à laquelle il s'identifie comme adulte, reprenant le mandat du père, et à laquelle le père lui-même s'identifiait auparavant, lorsque Coppola n'avait pas encore rendu évident son rôle de donneur de vie (dans lequel il a toujours besoin d'un partenaire: le père de Nathanael, ou Spallanzani qui est le professeur de Nathanael), et était seulement Coppelius, identifié à l'Homme au sable, c'est-à-dire aussi au père de Nathanael dans le mystérieux processus nocturne qui rendit sa mère triste, puisque celui-ci allait l'éloigner de ses enfants, et qui transforma le père en Coppelius, lequel acquit effectivement et inexplicablement tout le pouvoir sur la maison, et dont les mains souillèrent ce qui appartenait aux enfants de la famille.

Les noms des personnages de l'histoire sont importants: tandis que Nathanael l'ange tombe pieusement amoureux de Clara, miroir pur et sans tache de cet amour, l'amour pour Olympie, la montée à l'autel et la chute qui entraîne la mort du héros, est placé sous la domination et sous les fins de Coppola (Copula-tion). Lothaire évoque dans son nom (qui signifie "*illustre guerrier*"[63]) la domination terrestre, physique sur sa sœur, contre son union psychologique, mentale avec Nathanael.

L'absence de noms donnés aux parents de Nathanael renforce le phénomène d'identification et de dérivation Mère-Clara-Olympie, Père-Coppelius-Lothaire-Spallanzani, Nathanael-Coppola.

II.2. Analyse des rêves d'enfants
II.2.a. Avertissement

De toute évidence, l'étude ci-dessus, qui se veut avoir une certaine valeur psychanalytique, n'est pas une interprétation des notions intentionnelles dans le conte, car Hoffmann est antérieur à Freud, mais d'une structure latente, dont les éléments de suspense insoupçonnés ont été, en effet, utilisés par Hoffmann pour construire son récit.

Notre lecture nous amène à évoquer certains cas de psychanalyse d'enfants, soulevés par Dominique Gobert dans *Il était une fois le bon Dieu, le Père Noël et les fées - L'enfant et la croyance* (1992).

Ce livre, de nature ethno-psychanalytique, jungienne et probablement bettelheimienne, bien qu'orienté vers la vulgarisation pour les parents, comme l'évoque son titre, traite de la relation entre les enfants et le mythe, en supposant que ce dernier prépare et révèle les structures inconscientes dans le processus évolutif de l'enfant.

C'est dans le chapitre II qu'il évoque plusieurs cas de jeunes enfants, qui reproduisent dans leurs obsessions des thèmes et des histoires du patrimoine culturel européen.

En raison du processus de sélection propre à l'auteur, il est difficile de savoir si ces quelques cas, bien que significatifs, trois révèlent des tendances répétitives fermes des jeunes enfants à fantasmer sur le sexe, comme Freud le postulait déjà, ont été choisis par l'auteur parce qu'ils servaient son développement. En fait, peu de pages sont consacrées à chacun d'eux, et plusieurs fils de l'interprétation de l'auteur semblent être laissés en suspens.

Cependant, ces exemples, s'ils sont réels, nous permettent de clarifier et de compléter les phénomènes et interprétations donnés de "*L'Homme au sable*".

II.2.b. Les cas

Nous passerons sur le cas de Valérie[64], qui ouvre la série de trois cas, car il révèle la problématique du complexe d'Électre, à travers, selon l'auteur, une réécriture de l'histoire de Blanche-Neige.

Les deux cas de garçons sont plus intéressants pour nous, car ils modélisent ce que nous avons vu chez Hoffmann.

Le premier cas est celui de Hugo:

"*Hugo, sept ans, a peur des monstres qu'il voit chaque nuit dans ses rêves. Il ne croit pas vraiment aux monstres, mais il croit aux fantômes et au diable, car s'ils n'existent pas, pourquoi les voit-il chaque nuit dans ses rêves?*
Le premier rêve qu'il dessine pour moi est un château extrêmement compact. Au-dessus des fortifications, un canon, et à côté de cet ensemble très fermé et apparemment inattaquable, un petit diable et sa lance. Hugo me raconte son dessin: "Le diable veut attaquer le château pour tuer le roi, son père. Au début, il ne peut pas, mais il se cache derrière le château, parvient à tuer le roi et décide de s'emparer de la reine. Mais la reine ne veut pas de lui car le diable n'a que sept ans. Alors le diable se déguise en roi et devient plus grand que la reine. Mais c'est un faux roi car il a peur des souris. Pour être un vrai roi, il faudrait qu'il ait des pieds comme la reine, ou plutôt des pieds plus grands que ceux de la reine. Le diable est aussi un faux roi car il a peur des souris. Le diable est aussi un faux roi car il n'a pas de couronne; chaque fois qu'il la met sur sa tête, la couronne tombe. La reine ne veut pas de lui et appelle la garde pour le mettre dehors."
Dès ce premier dessin, Hugo est très angoissé par le contenu de ce rêve car pour lui, le diable existe même si ses parents lui ont dit le contraire. Quant au contenu de ce commentaire, il est clairement oedipien. Hugo souhaite avoir l'insigne de son père pour pouvoir épouser sa mère, la Reine, mais il est parfaitement conscient qu'il n'est pas à la hauteur et la Reine ne s'y trompe pas malgré le subterfuge employé. Il ne peut, du haut de ses sept ans, être un partenaire valable pour elle, et elle le chasse par l'intervention du garde."[65]

"*Dans le cas d'Hugo, le renoncement à sa mère n'a pas eu lieu même s'il se rend compte de la différence de générations et de l'impossibilité de séduire sa mère. Dans ces rêves, Hugo ne sait pas qu'il est au centre de cette difficulté, tout comme Œdipe ne sait pas qui sont pour lui Laïos et Jocaste. Il a donc bien raison de croire au diable puisque, inconsciemment, cela signifie qu'il croit pouvoir être un diable et séduire sa mère sans que son père ne l'en empêche. Seule, sa mère se rend compte du subterfuge mais Hugo souffre beaucoup car il souffre de ne pas être à la hauteur plutôt que de renoncer à son désir incestueux pour sa mère.*

Comment se sortir de ce problème qui l'empêche même de travailler à l'école car il y pense tout le temps.

Quelque temps plus tard, il dessine une maison dont les fenêtres sont comme des yeux: elle a un nez et la porte est au milieu d'un trou garni de dents. La maison pleure, et d'un côté se trouve un fantôme avec un seul œil et une seule jambe. De l'autre côté se trouvent un petit garçon et un adulte prêt à lui envoyer une pierre.

Hugo parle de son dessin: la maison ouvre sa bouche pour avaler la porte afin de pouvoir parler. Il pleure parce qu'il a avalé une dent pour le faire. Le petit garçon s'enfuit: il a peur, appelle les gens qui ne le croient pas et lui jette une pierre à la tête. Le fantôme unijambiste prend le trésor trouvé dans la maison.

Là encore, le mécanisme de protection des différents éléments de sa vie psychique est éminemment présent: Hugo est à la fois la maison qui pleure d'avoir perdu une dent pour pouvoir parler, le petit garçon qui s'enfuit de peur de subir le même sort que la maison et le fantôme qui s'empare du trésor de la maison mais auquel il manque un œil et une jambe. D'autre part, Hugo est prêt à abandonner son dessin et à partir, à tel point qu'il se retrouve à nouveau angoissé par l'évocation du fantôme borgne à une seule jambe.

Hugo, bien qu'il sache qu'il ne peut se passer de sa mère, ne peut renoncer à son désir de la posséder, ce qui implique une peur fantasmatique de devoir subir des mesures de rétorsion de la part de son père, notamment une angoisse de castration, c'est-à-dire l'angoisse d'être effectivement castré par son père, angoisse qui se manifeste principalement par la peur de la mutilation d'un membre, venant remplacer la mutilation du sexe. C'est la raison pour laquelle le fantôme qui s'empare du trésor de la maison, c'est-à-dire de la mère, est à la fois borgne et unijambiste."[66]

"Mon père, me dit-il, je n'ai pas besoin de le tuer, il va mourir seul et quand il sera mort, je deviendrai papa moi aussi, je me marierai avec ma sœur et ma petite sœur sera le bébé. Elle ressemble à ma mère."

Je lui suggère que se marier, c'est précisément choisir une femme qui n'est pas de sa famille. "Mais pourquoi?" répond-il.

Après un certain temps de travail, les thèmes apparaissent maintenant sans la surcharge d'angoisse qui les caractérisait au début. Les cauchemars deviennent moins fréquents à mesure que les thèmes deviennent plus familiers au niveau conscient et par conséquent moins dangereux, même si la loi d'interdiction de l'inceste n'est pas encore admise.

Beaucoup plus tard, Hugo pose le problème sous la forme d'une énigme: un petit garçon est sur un bateau au bord d'une plage, il a trois clés devant lui et un point d'interrogation au-dessus d'elles. S'il appuie sur 1, il perd sa pagaie, s'il appuie sur 2, il tombe dans le piège, dans la mer et se noie, s'il appuie sur 3, le piège se referme, me dit-il.

Je lui donne l'interprétation suivante: s'il appuie sur le 1, il est tout seul et ne peut plus recevoir de lait de sa mère; s'il appuie sur le 2, il est avec sa mère mais ne sait plus se séparer d'elle et se noie dans la mer; si c'est sur le 3, son père est là avec sa mère et doit l'aider à se séparer de sa mère. Alors pourquoi la trappe se ferme-t-elle? Son père ne peut pas l'aider, me répond-il, il l'accompagne seulement chez le dentiste, non, il doit se débrouiller seul, c'est pourquoi seule la clé 1 est la solution.

Il propose une autre histoire: un monstre et son ami lâchent des bombes sur un papa qui est mort et a les deux jambes coupées, avec du sang partout. Mais leur vaisseau spatial les attend, les attrape avec une corde et les tire à l'intérieur. Ils veulent continuer à détruire mais le vaisseau spatial est dirigé par un Maître auquel ils doivent obéir.

Hugo accepte de reprendre à son compte les désirs de mort et de castration à l'égard de son père et, en même temps, il se soumet fantasmatiquement à l'autorité d'un maître, seule possibilité de sortir de la relation de non-suffisance avec sa mère, qui, si le père ne suffit pas à l'interdire, le renvoie à cette image angoissante d'un faux roi dont la couronne tombe toujours. Hugo ne peut avoir cette couronne que sous la forme d'une promesse d'avenir en dehors de la famille.

Au cours de ce travail, Hugo a perdu sa croyance angoissée dans le diable, dans le fantôme. On peut penser qu'il s'est vraiment senti comme un diable pour vouloir satisfaire la reine à tout prix et comme un fantôme borgne et unijambiste pour affronter ainsi la répression paternelle. Mais ces figures psychiques empruntées à ces figures collectives ne prennent leur dimension individuelle qu'à travers le sentiment d'Hugo de ne pas avoir un père capable d'interdire sa mère. Son père, au lieu d'être l'agent de la répression œdipienne, est seulement celui qui "l'accompagne chez le dentiste". Hugo peut envisager de se marier dans la famille avec ses sœurs, il échappe apparemment à la loi de l'interdiction de l'inceste. Mais les figures du diable et du fantôme sont là pour nous faire savoir que l'existence de tels désirs implique la terreur du châtiment.

Plus le père réel apparaît "agréable" aux yeux de ses enfants, plus le besoin psychique de figures pour remplacer le père et terrifier l'enfant devient urgent. Il n'est donc pas étonnant que la disparition de ces figures terrifiantes s'accompagne de la reconnaissance de la véritable autorité du père."[67]

Les éléments de Hoffmann présents dans le cas d'Hugo sont:
1. La dualité œdipienne;
2. Qu'il subit une castration référée à un autre membre:

"Par exemple, deux enfants d'environ cinq et sept ans, voyant un bœuf, demandent à leur père si c'est une vache ou un taureau. Le père commence à expliquer la différence sexuelle entre ces trois animaux, puis demande aux enfants ce qu'ils ont compris. C'est alors que le garçon se perd dans les explications et que sa sœur lui dit d'un air méprisant: " Mais alors, tu es une vraie bête, tu n'as toujours pas compris la différence, un taureau a des cornes, alors qu'une vache n'en a pas!

Ce qui a été refoulé, dans ce cas, aussi bien chez l'un que chez l'autre, c'est le savoir sur la différence sexuelle: une inhibition totale pour le garçon par son incompréhension, et un déplacement, pour la fille, sur une partie du corps "a priori" desexualisée."[68]

3. La substitution entre la mère et la sœur comme objet de désir;
4. L'apparition d'un personnage de substitution qui porte toutes les peurs et inhibitions de l'enfant;
5. L'attitude passive du père lorsqu'il ne représente pas la Loi ou le Phallus, et la nécessité de sa substitution;
6. La pluralité des représentations des monstres, qui, en même temps, comme le dit Freud des protagonistes du rêve par rapport au rêveur, sont toutes des représentations de lui-même, mais aussi du Père, ce qui est accentué dans le troisième cas étudié par Gobert, celui de Jean-Yves:

"*Voici un autre exemple de croyance aux fantômes dont le mécanisme est assez similaire. Jean-Yves a cinq ans, il est terrifié par les fantômes qui envahissent ses rêves, et pour ne plus avoir peur, il se rend chaque nuit dans la chambre de ses parents et dort avec sa mère. Il a très peur du noir, des animaux, des monstres et d'un certain fantôme qu'il a vu à la télévision. Ce dernier vient sur son lit pour le presser et le toucher.*

Le monstre dont il a peur a un pénis, un nombril. Il l'avait déjà rêvé: il avait vu le monstre qui voulait dormir dans le lit de sa mère. Son père ne voulait pas, mais le monstre a fini par réussir. Puis il la prenait avec Jean-Yves et l'emmenait dormir dans un château. Une fois de plus, le monstre s'est transformé en une dame velue.

Un autre rêve devient un cauchemar: un serpent à bouton veut lui sauter dessus, derrière lui se trouve un homme très vulgaire, qui se transforme en fantôme, qui louche et qui a des pieds de serpent. Oui, mon père, me répond-il, prenait des bains de soleil, ce qui lui donnait des boutons. Encore un rêve où le serpent réapparaît: "C'est un fantôme de toutes les couleurs, c'est un fantôme volant, c'est comme un crabe, il veut me saisir et me piquer". Je lui demande ce que le fantôme veut voler, en jouant sur le double sens de "voler". Une femme, me répond-elle, sans hésiter. J'apprends dans les secondes qui suivent que, son père étant parti en voyage en avion, elle dort à nouveau dans le lit de sa mère.

Dans le rêve suivant, le père-fantôme a l'œil arraché, la jambe cassée et le pénis coupé. Dans le cas de Jean-Yves, la figure du fantôme représente plusieurs personnages. Selon les moments, on le voit comme Jean-Yves lui-même, qui veut dormir dans le lit de sa mère alors que son père ne le veut pas. Dans le rêve suivant, le fantôme est le représentant du père grâce aux boutons qui le définissent, un père à la fois critiqué et craint, critiqué parce qu'il est vulgaire et ambigu, et craint parce que Jean-Yves est terrifié par lui.

C'est finalement la mère qui est représentée par le fantôme de la dame aux cheveux longs. Le fantôme devient alors le voleur de la mère et représente l'enfant lui-même.

La figuration ultime du fantôme est clairement le père castré par les désirs de son fils. Dans cette pluralité de personnages condensés dans la même figure inquiétante du fantôme, on assiste au phénomène inverse de la projection de chaque sentiment dans un personnage différent comme dans les contes de fées. L'explication donnée à l'enfant de l'ensemble de ces figures entraîne, là aussi, la disparition des cauchemars et de la croyance angoissée aux fantômes."[69]

Comme dans le cas de Hoffmann, la chambre maternelle est, pour Jean-Yves, le lieu fondateur de sa relation oedipienne.

II.3. De l'ombre jungienne au héros-monstre
II.3.a. Carl Gustav Jung et l'ombre

À ce stade de l'analyse, nous avons vérifié la présence d'une représentation qui est, en même temps, une auto-représentation du *Moi* actif de l'individu dans ses pulsions de l'"*anti-Moi*": le *Ça*, et du *SurMoi*, les deux: *Ça* et *SurMoi*, encadrant ainsi le *Moi* dans une relation duelle avec lui-même, plus ou moins comme Freud le dit dans *Malaise dans la civilisation* (1929-1930).

Si Carl Gustav Jung et Jacques Lacan n'apportent pas d'avancée majeure dans le domaine en transformant les trois termes freudiens respectivement en Moi-Inconscient Personnel-Inconscient Collectif et Réel-Imaginaire-Symbolique, c'est en cherchant à énumérer les archétypes de l'Inconscient collectif que Jung lui donne plus d'ampleur en transformant ce que nous avons vu être l'*Unheimliche* en un terme qui, sans pourtant le rapprocher, il émet comme étant l'"*Ombre*", ce que Lacan nommera à son tour le Stade du Miroir (concept repris d'Henri Wallon, qui le décrit dans *Les origines du caractère chez l'enfant*, 1934) dans son essai, le premier de ses *Écrits*: "*Le stade du miroir - Théorie d'un moment structurant et génétique de la constitution de la réalité, conçu en relation avec l'expérience et la doctrine psychanalytique*" (Communication au 14e Congrès Psychanalytique International de Marienbad, publiée dans le *International Journal of Psychoanalysis*, 1937, thème repris par Lacan dans "*Le stade du miroir comme formateur de la fonction du Je telle qu'elle nous est révélée dans l'expérience psychanalytique*", Communication au 16ème Congrès International de Psychanalyse à Zürich, 17 Juillet 1949).

Lacan définit le Stade du Miroir comme une identification à une instance supérieure, qui s'accomplit la "*Fonction Paternelle*" (l'Autre-Père), induite par une "*insuffisance à l'anticipation - et qui pour le sujet, pris au leurre de l'identification spatiale, machine les fantasmes qui se succèdent d'une image morcelée du corps à une forme que nous appellerons orthopédique de sa totalité, - et à l'armure enfin assumée d'une identité aliénante, qui va marquer de sa structure rigide tout son développement mental.*"[70]

Dans sa conférence de 1949 mentionnée ci-dessus, Lacan écrit:

"*La conception du stade du miroir que j'ai introduite à notre dernier congrès, il y a treize ans, pour être depuis plus ou moins passée dans l'usage du groupe français, ne m'a pas paru indigne d'être rappelée à votre attention aujourd'hui spécialement quant aux lumières qu'elle apporte sur la fonction du je dans l'expérience que nous en donne la psychanalyse. Expérience dont il faut dire qu'elle nous oppose à toute philosophie issue directement du Cogito.*
Peut-être y en a-t-il parmi vous qui se souviennent de l'aspect de comportement dont nous partons, éclairé d'un fait de psychologie comparée le petit d'homme à un âge où il est pour un temps court, mais encore pour un temps, dépassé en intelligence instrumentale par le chimpanzé, reconnaît pourtant déjà son image dans le miroir comme telle. Reconnaissance signalée par la mimique illuminative du Aha-Erlebnis, où pour Köhler s'exprime l'aperception situationnelle, temps essentiel de l'acte d'intelligence.
Cet acte, en effet, loin de s'épuiser comme chez le singe dans le contrôle une fois acquis de l'inanité de l'image, rebondit aussitôt chez l'enfant en une série de gestes où il éprouve ludiquement la relation des mouvements assumés de l'image à son environnement reflété, et de ce complexe virtuel à la réalité qu'il redouble, soit à son propre corps et aux personnes, voire aux objets, qui se tiennent à ses côtés.
Cet événement peut se produire, on le sait depuis Baldwin, depuis l'âge de six mois, et sa répétition a souvent arrêté notre méditation devant le spectacle saisissant d'un nourrisson devant le miroir, qui n'a pas encore la maîtrise de la marche, voire de la station debout, mais qui, tout embrassé qu'il est par quelque soutien humain ou artificiel (ce que nous appelons en France un trotte-bébé), surmonte en un affairement jubilatoire les entraves de cet appui, pour suspendre son attitude en une position plus ou moins penchée, et ramener, pour le fixer, un aspect instantané de l'image.

Cette activité conserve pour nous jusqu'à l'âge de dix-huit mois le sens que nous lui donnons, - et qui n'est pas moins révélateur d'un dynamisme libidinal, resté problématique jusqu'alors, que d'une structure ontologique du monde humain qui s'insère dans nos réflexions sur la connaissance paranoïaque.[71]
.../...

C'est que la forme totale du corps par quoi le sujet devance dans un mirage la maturation de sa puissance, ne lui est donnée que comme Gestalt, c'est-à-dire dans une extériorité où certes cette forme est-elle plus constituante que constituée, mais où surtout elle lui apparaît dans un relief de stature qui la fige et sous une symétrie qui l'inverse, en opposition à la turbulence de mouvements dont il s'éprouve l'animer. Ainsi cette Gestalt dont la prégnance doit être considérée comme liée à l'espèce, bien que son style moteur soit encore méconnaissable, - par ces deux aspects de son apparition symbolise la permanence mentale du je en même temps qu'elle préfigure sa destination aliénante; elle est grosse encore des correspondances qui unissent le je à la statue où l'homme se projette comme aux fantômes qui le dominent, à l'automate enfin où dans un rapport ambigu tend à s'achever le monde de sa fabrication.

Pour les imagos, en effet, dont c'est notre privilège que de voir se profiler, dans notre expérience quotidienne et la pénombre de l'efficacité symbolique 2, les visages voilés, - l'image spéculaire semble être le seuil du monde visible, si nous nous fions à la disposition en miroir que présente dans l'hallucination et dans le rêve l'imago du corps propre, qu'il s'agisse de ses traits individuels, voire de ses infirmités ou de ses projections objectales, ou si nous remarquons le rôle de l'appareil du miroir dans les apparitions du double où se manifestent des réalités psychiques, d'ailleurs hétérogènes.

Qu'une Gestalt soit capable d'effets formatifs sur l'organisme est attesté par une expérimentation biologique, elle-même si étrangère à l'idée de causalité psychique qu'elle ne peut se résoudre à la formuler comme telle. Elle n'en reconnaît pas moins que la maturation de la gonade chez la pigeonne a pour condition nécessaire la vue d'un congénère, peu important son sexe, - et si suffisante, que l'effet en est obtenu par la seule mise à portée de l'individu du champ de réflexion d'un miroir. De même le passage, dans la lignée, du criquet pèlerin de la forme solitaire à la forme grégaire est obtenu en exposant l'individu, à un certain stade, à l'action exclusivement visuelle d'une image similaire, pourvu qu'elle soit animée de mouvements d'un style suffisamment proche de ceux propres à son espèce. Faits qui s'inscrivent dans un ordre d'identification homéomorphique qu'envelopperait la question du sens de la beauté comme formative et comme érogène.[72]
.../...

La fonction du stade du miroir s'avère pour nous dès lors comme un cas particulier de la fonction de l'imago, qui est d'établir une relation de l'organisme à sa réalité - ou, comme on dit, de l'Innenwelt à l'Umwelt.[73]
.../...

... machine les fantasmes qui se succèdent d'une image morcelée du corps à une forme que nous appellerons orthopédique de sa totalité, - et à l'armure enfin assumée d'une identité aliénante, qui va marquer de sa structure rigide tout son développement mental. Ainsi la rupture du cercle de l'Innenwelt à l'Umwelt engendre-t-elle la quadrature inépuisable des récolements du moi.

Ce corps morcelé, dont j'ai fait aussi recevoir le terme dans notre système de références théoriques, se montre régulièrement dans les rêves, quand la motion de l'analyse touche à un certain niveau de désintégration agressive de l'individu. Il apparaît alors sous la forme de membres disjoints et de ces organes figurés en exoscopie, qui s'ailent et s'arment pour les persécutions intestines, qu'à jamais a fixées par la peinture le visionnaire Jérôme Bosch, dans leur montée au siècle quinzième au zénith imaginaire de l'homme moderne. Mais cette forme se révèle tangible sur le plan organique lui-même, dans les lignes de fragilisation qui définissent l'anatomie fantasmatique, manifeste dans les symptômes de schize ou de spasme, de l'hystérie.[74]
.../...

Ce moment où s'achève le stade du miroir inaugure, par l'identification à l'imago du semblable et le drame de la jalousie primordiale (si bien mis en valeur par l'école de Charlotte Bühler dans les faits de transitivisme enfantin), la dialectique qui dès lors lie le je à des situations socialement élaborées.

C'est ce moment qui décisivement fait basculer tout le savoir humain dans la médiatisation par le désir de l'autre, constitue ses objets dans une équivalence abstraite par la concurrence d'autrui, et fait du je cet appareil pour lequel toute poussée des instincts sera un danger, répondît-elle à une maturation naturelle, - la normalisation même de cette maturation dépendant dès lors chez l'homme d'un truchement culturel: comme il se voit pour l'objet sexuel dans le complexe d'oedipe.

Le terme de narcissisme primaire par quoi la doctrine désigne l'investissement libidinal propre à ce moment, révèle chez ses inventeurs, au jour de notre conception, le plus profond sentiment des latences de la sémantique. Mais elle éclaire aussi l'opposition dynamique qu'ils ont cherché à définir, de cette libido à la libido sexuelle, quand ils ont invoqué des instincts de destruction, voire de mort, pour expliquer la relation évidente de la libido narcissique à la fonction aliénante du je, à l'agressivité qui s'en dégage dans toute relation à l'autre, fût-ce celle de l'aide la plus samaritaine. C'est qu'ils ont touché à cette négativité existentielle, dont la réalité est si vivement promue par la philosophie contemporaine de l'être et du néant.[75]"

Outre la définition du Stade du Miroir comme "*automate*" du "*rapport ambigu*"[76] du sujet avec son monde qu'il construit au stade néo-fœtal, à laquelle Lacan fait référence, il est important pour nous de noter la fin de l'article, où il déclare explicitement que:

"*Mais cette philosophie ne la saisit malheureusement que dans les limites d'une self-suffisance de la conscience, qui, pour être inscrite dans ses prémisses, enchaîne aux méconnaissances constitutives du moi l'illusion d'autonomie où elle se confie. Jeu de l'esprit qui, pour se nourrir singulièrement d'emprunts à l'expérience analytique, culmine dans la prétention à assurer une psychanalyse existentielle.*

Au bout de l'entreprise historique d'une société pour ne plus se reconnaître d'autre fonction qu'utilitaire, et dans l'angoisse de l'individu devant la forme concentrationnaire du lien social dont le surgissement semble récompenser cet effort,

- l'existentialisme se juge aux justifications qu'il donne des impasses subjectives qui en résultent en effet: une liberté qui ne s'affirme jamais si authentique que dans les murs d'une prison, une exigence d'engagement où s'exprime l'impuissance de la pure conscience à surmonter aucune situation, une idéalisation voyeuriste-sadique du rapport sexuel, une personnalité qui ne se réalise que dans le suicide, une conscience de l'autre qui ne se satisfait que par le meurtre hégélien.

À ces propos toute notre expérience s'oppose pour autant qu'elle nous détourne de concevoir le moi comme centré sur le système perception-conscience, comme organisé par le "principe de réalité" où se formule le préjugé scientiste le plus contraire à la dialectique de la connaissance, - pour nous indiquer de partir de la fonction de méconnaissance qui le caractérise dans toutes les structures fortement articulées par Mlle Anna Freud: car si la Verneinung en représente la forme patente, latents pour la plus grande part en resteront les effets tant qu'ils ne seront pas éclairés par quelque lumière réfléchie sur le plan de fatalité, où se manifeste le ça.

Ainsi se comprend cette inertie propre aux formations du je où l'on peut voir la définition la plus extensive de la névrose: comme la captation du sujet par la situation donne la formule la plus générale de la folie, de celle qui gît entre les murs des asiles, comme de celle qui assourdit la terre de son bruit et de sa fureur.

Les souffrances de la névrose et de la psychose sont pour nous l'école des passions de l'âme, comme le fléau de la balance psychanalytique, quand nous calculons l'inclinaison de sa menace sur des communautés entières nous donne l'indice d'amortissement des passions de la cité.

À ce point de jonction de la nature à la culture que l'anthropologie de nos jours scrute obstinément, la psychanalyse seule reconnaît ce noeoeud de servitude imaginaire que l'amour doit toujours redéfaire ou trancher.

Pour une telle oeuvre, le sentiment altruiste est sans promesse pour nous, qui perçons à jour l'agressivité qui sous-tend l'action du philanthrope, de l'idéaliste, du pédagogue, voire du réformateur.

Dans le recours que nous préservons du sujet au sujet, la psychanalyse peut accompagner le patient jusqu'à la limite extatique du "Tu es cela", où se révèle à lui le chiffre de sa destinée mortelle, mais il n'est pas en notre seul pouvoir de praticien de l'amener à ce moment où commence le véritable voyage."[77]

Jung, quant à lui, définit l'ombre dans ses textes comme suit:

"La figure de l'ombre personnifie tout ce que le sujet ne reconnaît pas et qui, pourtant, s'impose sans cesse à lui, directement ou indirectement, par exemple des traits de caractère de valeur inférieure et autres tendances irréconciliables."[78]

"L'ombre est... cette personnalité cachée, refoulée, presque toujours de valeur inférieure et coupable, qui étend ses dernières ramifications dans le domaine des pressentiments animaux et embrasse ainsi tout l'aspect historique de l'inconscient..... Si, jusqu'à présent, on pensait que l'ombre humaine était la source de tous les maux, on découvre aujourd'hui, en regardant de plus près, que chez l'homme inconscient, l'ombre

n'est pas seulement constituée de tendances moralement jetables, mais qu'elle présente aussi un certain nombre de bonnes qualités, à savoir des instincts normaux, des réactions adéquates, des perceptions fidèles à la réalité, des impulsions créatrices, etc."[79]

L'ombre est, pour Jung: "*la somme de toutes les dispositions psychiques, personnelles et collectives, qui ne sont pas vécues en raison de leur incompatibilité avec le mode de vie consciemment choisi et qui se constituent en une personnalité partielle relativement autonome dans l'inconscient avec des tendances antagonistes.*"[80]

Erch Neumann ajoute:

"L'ombre est "l'autre côté". C'est l'expression de sa propre imperfection et de son caractère terrestre. C'est-à-dire le négatif qui ne coïncide pas avec les valeurs absolues; c'est le corporel par opposition à l'absolu et à l'éternel d'une âme qui "n'appartient pas à ce monde". L'Ombre représente l'unicité, l'éphémérité de notre nature; elle est la conditionnalité et la limite; mais pour cette raison même, elle constitue aussi le système nucléaire de notre individualité."[81]

C'est ainsi que Dra. Rebeca Retamales Rojas définit l'ombre jungienne dans sa conférence "*El encuentro con la propia sombra y la autoestima*" (Conférence internationale "*El Arte de la Paz*", Caracas 27-28 Avril 2007):

"La rencontre avec l'ombre implique une confrontation avec soi-même au sens large du terme. C'est-à-dire une rencontre avec l'inconscient, avec cette partie de la personnalité dont nous ne sommes pas toujours conscients, mais qui a un effet sur notre vie qui peut nous surprendre. Dans les rêves, dans les images qui surgissent dans l'esprit, dans la création, dans l'intuition, dans l'œuvre d'art, dans les expériences qui transcendent la réalité concrète, dans les actes manqués, dans les trous de mémoire, dans les symptômes névrotiques, cette partie de la psyché se manifeste. Selon la psychologie de C.G. Jung, l'ombre est constituée par l'ensemble des frustrations, des expériences honteuses et douloureuses, des peurs, des insécurités, des ressentiments, de l'agressivité qui sont logés dans l'inconscient de l'être humain formant un complexe, souvent dissocié de la conscience. L'ombre contient tous les aspects négatifs de la personnalité que le "moi", qui est le centre directeur de la partie consciente, n'est pas toujours en mesure d'assumer et qui, pour cette raison, peuvent empêcher la manifestation de notre façon authentique d'être et de sentir.
De manière générale, l'ombre correspond à la partie sombre de l'âme de chaque être humain.

Exprimé autrement, nous pouvons dire que toutes les misères humaines qui concernent l'individu et les collectivités sont rassemblées dans cette partie de l'inconscient; expériences, sentiments, images, symboles qui peuvent être personnels et universels. Le mal, l'égoïsme, l'envie, la soif de domination, la soif de pouvoir, l'avidité d'argent, la jalousie, l'avarice, la goinfrerie, la paresse, la présomption, l'indolence, la négligence, la manipulation, la lâcheté et beaucoup de nos peurs sont des émotions et des sentiments qu'il n'est pas facile de reconnaître comme des composantes de notre personnalité. Nous en prenons souvent conscience lorsqu'elles conduisent à des conflits avec les autres, à des comportements agressifs inattendus, à des sentiments de culpabilité, à des manifestations inexplicables d'égoïsme, voire à la dépression, et, qui, surtout, ne correspondent pas à l'image que nous avons de nous-mêmes. Ils ne correspondent pas non plus à l'image sociale que nous voulons donner.
Normalement, lorsque l'individu ne peut assumer ces caractéristiques en lui-même, il les attribue aux autres, c'est-à-dire qu'il les projette sur les autres. Ainsi, nous pouvons voir nos propres défauts, ou limites, reflétés dans les attitudes négatives que nous adoptons envers ceux qui nous entourent. Lorsque les préjugés et les critiques exacerbées nous empêchent d'entrer en relation les uns avec les autres, avec nos voisins, avec nos collègues, avec les autres races, avec les étrangers, avec les autres pays, l'ombre individuelle fonctionne comme une partie non intégrée de la psyché. Mais les groupes, les familles, les organisations et les différentes composantes de la structure sociale ont également leur propre ombre."[82]

On voit que là où, pour Jung, l'*Ombre* est un *alter ego*, un "*frère obscur*", pour Lacan elle est créatrice de cohérence dans la psyché ("*si le désir de la mère est une relation avec une ambiguïté, une amphibologie, la fonction paternelle ajoute un référent (le père). Une telle fonction (exemples tirés de la linguistique) provoque une désambiguïsation dans la psyché du nourrisson qui signifiera - chez l'enfant ou chez le garçon - une pensée cohérente, la pensée cohérente de tout sujet intégré dans la culture*"[83]), ce qui semble réfuter, au moins dans un sens évolutif linéaire, les exemples analysés ci-dessus.

II.3.b. L'Ombre et Nous

Maintenant, le *Diccionario de la Real Academia Española* définit le terme "*Sombra*" comme:

"*1. f. Obscurité, absence de lumière, plus ou moins complète. U.m. au pl. Les ombres de la nuit.*
2. n. m. Projection sombre qu'un corps projette dans l'espace dans la direction opposée à celle d'où provient la lumière.
3. f. Image sombre projetée sur une surface quelconque par un corps opaque, interceptant les rayons directs de la lumière. L'ombre d'un arbre, d'un bâtiment ou d'une personne.
4. f. Lieu, zone ou région où, pour une raison ou une autre, les images, les sons ou les signaux émis par un appareil ou une station d'émission n'arrivent pas.
5. f. Spectre ou apparition vague et fantastique de l'image d'une personne absente ou décédée.
6. f. les ténèbres (\ manque de lumière et de connaissance).
7. f. Asile, faveur, défense.
8. n. L'apparence ou la ressemblance de quelque chose.
9. f. Une tare, un défaut.
10. f. Ombre à paupières.
11. f. colloq. La chance, la fortune.
12. f. langage familier. Une personne qui suit une autre personne partout.
13. f. colloq. Clandestinité, ignorance publique.
14. f. Peinture. Couleur sombre, par opposition à la lumière, avec laquelle les peintres et les dessinateurs représentent le manque de lumière, donnant une intonation à leurs œuvres et un volume apparent aux objets."[84]

Non seulement l'ombre est l'extension réfléchie de notre corps contre la lumière (2. Du *DRAE*), mais elle est aussi un double (3. et 8. du *DRAE*).

On le voit dans *Peter Schlemihls wundersame Geschichte* (1814) d'Adelbert von Chamisso, une variante intéressante de Mr. Hyde, c'est-à-dire que l'ombre est notre côté sombre.

Peter Pan lui-même a des problèmes avec son ombre. Comme elle agit à sa guise, elle prend une vie qui lui est propre. Personnage nocturne: apparaissant pour la première fois à Wendy la nuit, Peter est celui qui l'enlève dans un lieu non sexuel d'enfance permanente. En oubliant l'ombre, qui marque le passage du temps et la course du soleil, les enfants oublient de grandir.

Dans les histoires d'horreur, on retrouve souvent le thème de l'ombre qui se libère de son maître et l'étouffe, devenant plus grande que lui.

Dans *The Dark* (2005, John Fawcett), au titre révélateur, la mère autoritaire disparaît lorsqu'elle entre en querelle avec sa fille, au profit de la relation exclusive de cette dernière (qui déjà dans les querelles de l'adolescence change de forme et devient maléfique) avec le père, perçu comme un danger (par dérivation vers la figure d'un autre pasteur qui vivait dans la même maison que lui, et dont le but avait été de sauver sa fille de l'au-delà maritime: mère de la mer) par la mère qui, à mesure que la relation père-fille se concrétise, voit la relation se perdre, d'une part avec son ex-mari (comme on le voit dans le moment où, un soir, lui et elle vont dans la chambre de la fille, la mère étant celle qui se cache quand le père arrive le premier pour dire bonne nuit et valoriser pour la fille le rôle de mère), à qui elle révèle en arrivant chez lui le manque qu'il fait tant à la fille qu'à elle-même (voir les fleurs qu'il lui offre), d'autre part, sa fille toute livrée au père qui est à la fois sauveur et ravisseur (voir l'aliénation totale à la fin de la relation entre le père et "la fille, cependant, sauvée par la mère").

Si, à la fin, la mauvaise fille reste avec le sauveur, la mère qui se (re)sacrifie reste avec le ravisseur qui la fait souffrir pour que sa fille soit heureuse.

Déjà dans le roman *L'Exorciste* (1971) de William Peter Blatty, le phénomène de l'adolescence (c'est-à-dire l'entrée dans une sexualité pleine et consciente) était un prétexte pour l'approche psychanalytique du changement maléfique de la jeune fille et dû à l'ère hippie.

Dans un autre film: *They* (2002, Robert Harmon), une étudiante en psychologie en fin d'études est confrontée à des forces qui l'amèneront à disparaître dans le royaume des ombres, c'est-à-dire des morts, et littéralement dans l'armoire de l'enfance, qui est celle de *The Indian in the Cupboard* (1981) de Lynne Reid Banks ou de *It* (1986) de Stephen King, ainsi que de *Monster, Inc.* (2001, Pete Docter et David Silverman).

Ainsi, l'ombre est ce danger face à la mémoire des éléments primaires de notre relation avec la vie.

Dans *Massacre à la tronçonneuse* (1974, Tobe Hooper) comme dans *La colline a des yeux* (2006, Alexandre Aja), c'est le milieu rural avec son silence, son abandon et son primitivisme qui confronte les jeunes de la ville. Le petit village de campagne, le voyage avec le mauvais raccourci sont des éléments récurrents de ce thème, jusques dans *Les Envahisseurs* (1967-1968), tiré des contes de fées traditionnels, dans lesquels c'est l'abandon parental au fond de la forêt qui provoque les épisodes narrés. Souvent, comme dans *Creasy Eights* (2006, James K. Jones), lorsque les héros sont contraints de quitter leur voiture, le tronc au travers de la route révèle que le monde naturel, rural, campagnard, refuse de laisser entrer ou sortir tout élément exogène, vivant de manière autarcique. Ainsi, lorsque, dans le même film par exemple, les héros, comme souvent dans les films d'horreur, ne peuvent pas quitter le lieu où ils sont emprisonnés, c'est en raison du même principe d'inacceptation des corps étrangers et de la nécessité de les tuer que l'espace particulier du vieux, de l'abandonné, du mort, doit faire face aux forces vives puissantes et contraires, mais toujours vaincues, que sont et représentent les intrus.

II.3.c. Papa-Croque-mitaine

Il est intéressant de noter que, dans *The Dark*, la fille de l'eau (qui rappelle le film *Lady in the Water* de M. Night Shyamalan, 2006, par son apparition soudaine et l'acceptation immédiate de son existence par les héros) fait allusion au père-ravisseur comme étant celui qui a le crochet.

Bruno Bettelheim, dans *Psychanalyse des contes de fées* (1976), voit la maison de "*Hanzel et Gretel*" comme la maison de la mère, douillette mais émasculante, douce mais dangereuse. C'est dans cette maison que se déroulent les films d'horreur (*The Others*, 2001, d'Alejandro Amenábar; *Hide and Seek*, 2005, de John Polson; *The Messengers*, 2007, de Danny Pang et Oxide Pang Chun), généralement une maison de campagne isolée, où les héros viennent se remettre des inconvénients de la vie citadine.

Howard Phillips Lovecraft a fondé les 2 motifs:
1. Le village historique;
2. La maison mutante.

Freddy Krueger, le sadique créé par Wes Craven[85], né des viols répétés subis par sa mère, qui tua son beau-père avec un couteau, étrangla sa propre épouse, et sera brûlé vif, pour finalement apparaître dans les cauchemars des enfants de ses lyncheurs[86], non seulement correspond au modèle des *serial killers* des années 1970, créés contemporainement, comme notamment les paradigmatiques Leatherface de *Massacre à la tronçonneuse* et Jason de *Vendredi 13* (série commencée avec le film de 1980 de Sean S. Cunningham), inspiré[87] celui-ci du Michael Myers de *Halloween: La Nuit des masques* (série commencée avec le film de 1978, écrit, musicalisé et dirigé par John Carpenter), également tueurs à l'arme blanche, mais aussi et surtout, pour nous, à "*L'Homme au sable*".

Il est oedipien en cela, non pas par rapport au symbolisme des yeux, comme chez Hoffmann, mais quant à l'utilisation d'une arme[88] féminine[89]. Freddy est meurtrier de son père, mais aussi de son épouse, en tant que substitut de la mère. Il n'a pas de mains, ou, plus exactement, celles-ci sont substituées par des lames tranchantes en guise de doigts, lesquelles, longues et effilées, ouvrant les organes du corps des autres, sont des symboles phalliques[90].

Freddy est donc bien l'archétype que l'on retrouve dans *I Know What You Did Last Summer* (1997, Jim Gillespie), et son également contemporain concurrent, Ghostface de *Scream* (1996, Wes Craven), pris lui-même et son complice dans la trame sexuelle de l'histoire de leurs parents[91], à l'instar du héros de Hoffmann dans le conte étudié par Freud.

Nous avons analysé[92] le père avec un crochet dans notre article sur le film *I Know What You Did Last Summer*:

"Quatre adolescents ivres renversent accidentellement un piéton et, le croyant mort, cachent le corps. Un an plus tard, la victime entame sa vengeance.
Un film du scénariste de Scream (ce qui explique une certaine communauté de thème dans les deux séries, voir notre article sur Halloween H20).

A) À COUTEAUX TIRÉS
The Edge de Lee Tamahori, avec Alec Baldwin, Anthony Hopkins et Elle Macpherson, contemporain de I Know What They Did Last Summer, nous permet d'entrer dans la conception pédagogique et morale de ce dernier.
Après un accident d'avion, un milliardaire cynique se retrouve perdu dans les montagnes pendant l'hiver avec deux autres hommes, dont l'un est l'amant de sa femme. Homme de la ville, le multimillionnaire, dont les nombreuses compétences ne sont, de son propre aveu, que théoriques, réussit à les mettre en pratique. Sa proximité avec la nature, son contact avec des hommes rudes et sa proximité avec le danger l'amènent à trouver un nouveau sens à sa vie, ce qui lui fait dire à la fin que les autres sont morts en essayant de lui sauver la vie. Sa confrontation avec l'ours, symbole classique de la barbarie, dont il sortira également victorieux grâce aux techniques de chasse traditionnelles indigènes, donne un caractère initiatique à son expérience, qui devient purificatrice, le transformant en homme sauvage, à l'instar de ce qui se passe dans L'Ours avec Tchéky Karyo de Jean-Jacques Annaud en 1988, surtout si on le compare au récit éponyme de Faulkner dans Go down, Moses! de 1942, qui a évidemment inspiré le film français. (Ce parallèle, à la symbolique initiatique, entre la bête et l'homme se retrouve également au Moyen Âge dans l'histoire d'Ourson et Valentin, et dans le film Grizzly Falls de Stewart Raffill en 1999).

L'identification finale dans À couteaux tirés du milliardaire avec l'ours de chasse représente la purification de sa jalousie, car l'homme sauvage symbolisait traditionnellement le péché et la chair au Moyen Âge[93].

Comme on le voit, le film, inscrit dans une perspective rousseaunienne (et inversant l'ironie désabusée de Why Are We in Vietnam? de Norman Mailer, dont la situation narrative est très proche de celle du film, on notera qu'une mise en scène et une problématique d'autoréflexion se retrouvent également dans le livre In the Lake of the Woods de Tim O'Brien), met en avant les valeurs morales d'une humanité capable de surmonter ses conflits dans les moments difficiles, thème classique des films du genre, parfois abordé à travers une symbolique christique d'avènement-rédemption, comme par exemple dans certains films du genre, met en avant les valeurs morales de l'humanité capable de surmonter ses conflits dans les moments difficiles, un thème classique des films du genre, parfois abordé à travers un symbolisme christique d'avènement-rédemption, comme par exemple dans Le Fils du désert (3 Godfathers, 1948, John Ford, avec John Wayne, Pedro Armendáriz, et Harry Carey Jr.).

B) DES CONSIDÉRATIONS CIRCONSTANCIELLES SUR LA CARRIÈRE DES ACTEURS DE I KNOW WHAT THEY DID LAST SUMMER ET DE BUFFY THE VAMPIRE SLAYER.

I Know What They Did Last Summer, de Jim Gillespie, avec Johnny Galecki, Sarah Michelle Gellar, Jennifer Love Hewitt, Ryan Philippe, Freddie Prince Jr. et Bridgette Wilson, est également un film à tendance éducative.

Gellar a un rôle similaire à celui qu'elle a joué dans Scream 2.

Elle est devenue l'actrice la plus adulée des adolescents, se faisant connaître avec la série télévisée Buffy contre les vampires, qui a débuté en 1997 (l'année de la sortie en salles de Scream 2 et de I Know What They Did Last Summer), une série avec Amber Benson, Marc Blucas, David Boreanas, Nicholas Brendon, Adam Busch, Charisma Carpenter, Emma Caufield, Bailey Chase, Lindsay Crouse, Alexis Denisof, Eliza Dushku (True Lies, Jump, Bring It On), Andrew J. Ferchland, K. Todd Freeman, Seth Green, Harry Groener, Jason Hall, Alison Hannigan, Anthony Head, George Hertzberg, Clare Kramer, Robia La Morte, Juliet Landau, Thomas Lenk, Ken Lerner, Mercedes McNab, James Marsters, Mark Metcalf, Leonard Roberts, Armin Shimerman, Danny Strong, Kristine Sutherland, Michelle Trachtenberg et Charlie Weber, inspiré du film éponyme de Fran Rubel Kuzui de 1992, avec Michele Abrams, David Arquette, Randall Batinkoff, Mark DeCarlo, Natasha Gregson Wagner, Rutger Hauer, Sasha Jenson, Andrew Lowery, Luke Perry (star de Beverly Hills 90210 et du Cinquième élément), Paul Reubens, Stephen Root, Donald Sutherland, Hilary Swank (également à l'affiche de Beverly Hills 90210, ainsi que de The Gift), Paris Vaughan et Kristy Swanson (actrice de Hot Shots et de la série Early Edition, qui tient ici le rôle principal). Nous retrouvons Boreanas dans le film Valentine de 2001, avec Jessica Capshaw, David Cosgrove, Katherine Heigl et Denise Richards, qui (même si le personnage du psychopathe vengeur et masqué de Valentine est plus proche des personnages de type Halloween, Nightmare on Elm Street et I Know What They Did Last Summer) est une version masculine du thème de Carrie par Jamie Blanks (qui a également réalisé Urban Legend), avec ici non pas le crucifix, comme dans Carrie, mais l'ange de l'amour qui est le motif récurrent du film. On peut également comparer le moment final dans Carrie et le moment initial dans Valentine où un liquide rouge est versé sur le malheureux héros, symbole de l'hymen perdu, semblable à la couche de la Terre Mère violée dans la cosmologie Dogon.

Aux côtés de Kaz Kuzui, Fran Rubel Kuzui est la productrice exécutive du film Buffy contre les vampires et de la série qui s'ensuit, ainsi que d'Angel, commencée en 1999, une extension avec Amy Acker, Sam Anderson, Julie Benz, Boreanas, Carey Cannon, Carpenter, Denisof, Gellar, Andy Hallett, David Herman, Matthew James, Christian Kane, Vincent Kartheiser, Daniel Dae Kim, Landau, Julia Lee, Mark Lutz, John Mahon, BJ Porter, Glenn Quinn, J. August Richards, Elisabeth Rohm, Stephanie Romanov, Randall Slavin, Keith Svarabajka et Brigid Conley Walsh, de la série Buffy contre les vampires, mais autour de la figure du vampire romantique Angel, ancien amant de Buffy, remplacé dans Buffy contre les vampires par un militaire également chasseur de vampires, puis par le vampire blond Spike, à l'origine l'antithèse extravertie et malveillante du sombre et désormais compatissant Angel. Accentuant leur relation, Spike est apparu dans la série Buffy contre les vampires comme l'amant d'un vampire, qui n'était qu'une des premières victimes d'Angel, dont l'ancien sadisme impitoyable l'a conduit à la folie.

L'importance de la typologie dans les études artistiques est une fois de plus confirmée ici par le parallélisme entre, d'une part, la scène d'humiliation, inspirée de Body Evidence, du soupirant attaché à un lit par Richards, lorsqu'il se brûle le sexe avec la cire liquide d'une bougie (qui est également de couleur rouge, de manière significative comme la boisson versée au début), et d'autre part la scène de la mort de Richards par noyade dans la piscine, le psychopathe, joué par Boreanas qui a un double rôle dans le film similaire à celui d'Angel dans la série Buffy the Vampire Slayer, lui blesse le bras avec une perceuse. Ainsi, classiquement et logiquement, en ce qui concerne le message sur les relations entre les sexes dans le film, la bougie, verticale, éclairante et ici versante, est associée au sexe masculin (comme aussi dans les chansons du Français Alain Bashung ou les allégories picturales de l'artiste nicaraguayen Juan Rivas, et comme la flèche pointant vers le haut dans l'œuvre de Dalí, Klee ou, inversement et dialectiquement, pointant vers le bas dans les œuvres de la Nicaraguayenne Patricia Belli[94]), et l'eau (promordiale, génésique) avec l'être féminin. La perceuse, forme compensatoire de la bougie tombée précédemment versée sur le sexe du prétendant, met en évidence cette dichotomie du symbolisme.

Gellar apparaît également dans Simply Irresistible de 1999, et Cruel Intentions de Roger Kumble, avec Selma Blair (autre héroïne de séries télévisées, connue pour son rôle titre dans Zoe, Duncan, Jack et Jane), Louise Fletcher, Tara Reid, Sean Patrick Thomas, Reese Whiterspoon et Ryan Phillippe (notamment révélé pour sa performance dans 54, aux côtés de Neve Campbell, Salma Hayek et Mike Myers). Cruel Intentions, une version, également pour adolescents, du livre de Choderlos de Laclos par Kumble (que le cinéaste poursuivra en 2000 avec le téléfilm - dont il est également le scénariste - Cruel Intentions 2, avec Amy Adams, Shûko Akune, Emmanuelle Chriqui, Robin Dunne, Barry Flatman, Teresa Hill, Barclay Hope, Tane McClure, David McIlwraith, Jonathan Potts, Kerin Lynn Pratt, Mimi Rogers, Sarah Thompson, Clement von Franckenstein, Caley Wilson et Deanna Wright) est une nouvelle adaptation hollywoodienne de la pièce originale, qui fait suite au film de Stephen Frears, primé aux Oscars en 1988: Les Liaisons dangereuses, avec Glenn Close, John Malkovich,

Michelle Pfeiffer, Keanu Reeves et Uma Thurman, et le film Valmont, réalisé par Milos Forman en 1989, avec Fairuza Balk, Annette Benning, Colin Firth, Sian Phillips, Meg Tilly et Henry Thomas. En 1960, le Français Roger Vadim a mis en scène le roman de Laclos, avec Jeanne Moreau, Gérard Philipe et Annette Vadim.

C) LA PSYCHANALYSE DES CONTES DE FÉES

Dès le début de I Know What They Did Last Summer, par le fait que les héros soient des adolescents et par le milieu scolaire (récurrent dans ce type de film, par exemple Halloween, Scream, Urban Legend) dans lequel se déroule le film, celui-ci se définit comme un film pour adolescents. D'autres éléments le montrent clairement: la musique "grunge" du film et l'influence évidente des films du genre, notamment Vendredi 13.

En effet, l'évolution plus générale du genre de l'horreur depuis les années 1980 vers un public adolescent est confirmée, "par rebond", par la critique d'EXistenZ de 1999 de David Cronenberg, avec Ian Holm, Jude Law, Jennifer Jason Leigh, Don McKellar, Sarah Polley et Callum Keith Rennie, comme "un vrai film fantastique pour adultes" dans Canal + - Le magazine des abonnés de novembre 2000 (Paris, p. 42).

L'intrigue de I Know What They Did Last Summer commence au moment où les quatre héros fêtent leur diplôme et sont sur le point d'entrer à l'université, c'est-à-dire à un moment de passage. Pendant les adieux sur la plage, des histoires d'horreur sont racontées, des fables morales issues du folklore sur le danger des relations sexuelles avant le mariage, dit l'une des filles, et elles font l'amour. L'homme qui se fait renverser en fin de soirée se révèle être un meurtrier qui vient de tuer son gendre, l'accusant de la mort de sa fille, survenue dans un accident de voiture, précisément à cet endroit.

L'identité des situations nous invite à étudier plus précisément la valeur mythologique du cycle. Comme dans "La Belle au bois dormant" selon Bruno Bettelheim, l'année tragique, rupture dans la vie des héros après l'accident, représente une période de transition. Pour retrouver leur vie d'avant, les héros vont affronter le père castrateur, Saturne vaincu, dont la main-crochet, symbole phallique (ainsi que l'accident de voiture, comme on le voit en comparant I Know What They Did Last Summer avec la récurrence des trains associés à des femmes nues et languissantes dans l'œuvre picturale du surréaliste belge Paul Delvaux) comme le souligne dès le début d'une des héroïnes, sera finalement coupée. Le psychopathe avec sa main-crochet a pour antécédents le capitaine Crochet, l'ennemi de Peter Pan, un enfant qui fuit le monde des adultes, et surtout, au niveau du cinéma et du genre, le fou cajun Manon, joué par Lon Chaney Jr, dans The Alligator People de 1959, avec Bruce Bennett, Richard Crane, Beverly Garland, Frieda Inescort, Douglas Kennedy et George Macready, l'avant-dernier film de Roy del Ruth, dans lequel la femme mariée abandonnée (vierge symbolique) a pour pendant le mari transformé en alligator (un mari dont la figure nous renvoie aux classiques: questionnement fantasmatique sur la génération ovipare; image mythique du phallus-serpent; et référence iconographique à la luxure similaire à ce qui se passe dans À nous quatre [The Parent Trap, 1998, écrit et dirigé par Nancy Meyers[95]], - le crochet du cajun fou, qui tente de violer l'héroïne, accentuant la problématique phallique du licite-illicite dans la relation conjugale). L'épisode de I Know What They Did Last Summer, dans lequel le mourant écrasé prend la couronne de reine de beauté alors qu'il est jeté à la mer par la gagnante, qui devra la remettre l'année suivante, exactement la nuit de sa mort, reproduit, inversé, l'épisode du rouet dans "La Belle au bois dormant" ou de la pomme dans "Blanche-Neige".

La fille morte de l'homme, comme le village de pêcheurs où se déroule l'intrigue de I Know What They Did Last Summer, nous rappellent les nombreux mythes, étudiés par Claude Lévi-Strauss à propos de l'Amérique, d'une femme (la terre-mère, la fille du soleil, de la lune ou des Pléiades) qui, poursuivie et fiancée pour la première fois, se cache au fond de l'océan, effrayée par la violence de l'acte sexuel, tandis que le prétendant ou le mari (vrai ou faux) est invariablement puni pour lui avoir fait l'amour.

Dans ce contexte, la voiture qui roule à toute vitesse et le crochet sont des symboles phalliques évidents. L'homme écrasé au visage ensanglanté qu'aucun d'entre eux n'ose toucher, mais qu'ils essaient tous de cacher pour ne pas être blâmés pour leurs actes, apparaît comme le symbole traditionnel du corps sexuel brisé (voir les mythes d'Eurydice et Orphée, de Sémélé et Dionysos,...) dont la vision comme dans le film français La passerelle 1988 de Jean-Claude Sussfeld - également scénariste du scénario -, avec Pierre Arditi, Odette Barrois, l'acteur comique Didier Bénureau, Jean-Louis Cousseau, Mami Derrieux, Aurelle Doazan, Jérôme Cousseau et Jérôme Cousseau, Aurelle Doazan, Jany Holt, Germaine Lafaille, Pierre Lefrançois, Lucienne Legrand, Jean Le Luc, Jean-Marie Marion, Mathilda May (que l'on retrouve dans Le Chacal), Laurence Ragon et Guillaume Souchet, fait peur, ou tue[96].

Comme d'habitude dans les films de ce genre, le méchant, bien que vaincu, ne meurt pas. Sa présence ici révèle un discours moral sur l'amour illicite, le dangereux manque de responsabilité et ses conséquences imprévisibles.

Comme le souligne le psychopathe à la fin, l'acte sexuel et l'accident ont suivi le choix provocateur de la reine de beauté et la consommation d'alcool à la fête.

L'année suivante, les héros se rendent compte du ridicule de l'élection de la reine de beauté le jour de la Fête Nationale. Le miroir brisé en deux, trouvé pour la première fois par les héroïnes dans la maison de la sœur du gendre de l'homme qu'elles ont renversé, symbolise le changement que subissent les héros lorsqu'ils entrent dans l'âge adulte, un changement qui est clairement incompréhensible et choquant pour la mère de l'une des héroïnes. Au moment de jeter le cadavre à la mer, les héros, insistant sur le caractère psychanalytique de l'acte, identifient explicitement l'étranger à l'homme au crochet en lieu de la main du conte.

Finalement vaincu par le jeune pêcheur (personnage traditionnel des contes pour enfants, car il est la quintessence de celui qui a subi une initiation[97]) grâce au système de poulie du bateau, le psychopathe apparaît comme l'image fantasmagorique du père. Car le père de la reine de beauté ne s'occupe pas d'elle. Le père de l'autre héroïne est déjà mort, ce qui explique son affection pour le pauvre jeune homme qui n'a pas connu son père et sait seulement qu'il était pêcheur, tout comme le psychopathe qui les traque. Transportée dans un carrosse en forme de coquillage le jour du défilé, la reine de beauté apparaît comme une Vénus, et donc le pêcheur psychopathe comme un Saturne. Au bord de la mer, la ville où se déroule l'action apparaît comme le lieu primordial indéfini et maternel où l'ego des héros peut se développer et s'étendre jusqu'à assumer leurs propres choix, c'est-à-dire ce qui s'est passé, même si ce qu'ils font n'est pas toujours la bonne chose à faire (mais la plus appropriée à leurs propres besoins).

La voiture est un symbole phallique qui s'oppose au crochet dans une relation de dépassement. C'est le héros, propriétaire du char, qui prendra la couronne des mains de la victime en même temps qu'il jettera l'homme à la mer. Le psychopathe, dans ses différentes attaques, reconstitue symboliquement la succession des événements de la nuit fatale. En s'attaquant au propriétaire de la voiture, il remet en cause le pouvoir de celui-ci, la beauté de la reine en lui coupant les cheveux, et le silence de l'autre héroïne en la plaçant devant le cadavre de son amant secret qui, pour la protéger, n'avait pas dit à la police ce qu'il savait.

Enfin, la sœur aînée de la reine de beauté, qui mourra également à cause d'elle, représente le bon exemple mis en danger par l'inconscience de sa jeune sœur; en tant que personnage moral, elle est à l'opposé de la mauvaise sœur envieuse des contes de fées, avec laquelle elle semble pourtant se confondre en première lecture.

La proximité des titres confirme notre interprétation de I Know What They Did Last Summer, dans un sens générationnel (typique des films d'horreur, comme nous le verrons à nouveau, par exemple dans nos articles sur An American Werewolf in Paris, Halloween H20 et Disturbed), l'opposition entre la tante - archétype de la Loi - et la nièce - image de l'individu en opposition à la force coercitive et irréductible de la Loi - (ce qui n'est d'ailleurs pas sans rappeler Une maison de poupée et Hedda Gabler d'Henrik Ibsen) de Suddently Last Summer de 1959 de Joseph L. Mankiewicz, avec Montgomery Clift, Albert Dekker, Katharine Hepburn, Mercedes McCambridge, Gary Raymond et Elizabeth Taylor, un film qui, basé sur la pièce de Tennessee Williams (où l'on retrouve les préoccupations tragiques homosexuelles récurrentes de l'œuvre de Williams), clarifie à la fois la fin de Drowning by Numbers de Peter Greenaway en 1991, et ses antécédents, notamment L'Avventura de Michelangelo Antonioni en 1966 et Sleuth de 1972, dernier film de Mankiewicz[98]."

Dans les deux cas: maison de la mère et père au crochet, c'est la Loi parentale qui, comme dans les rêves des enfants cités par Gobert et dans le conte de Hoffmann, s'oppose au processus de libération des enfants.

Dans notre Section *"Hablemos de Cine"*[99], nous avons ainsi pu étudier la surprenante récurrence du modèle de base, non pas au sens génétique ou chronologique, mais pour nous dans notre démarche d'investigation, de *I Know What They Did Last Summer* répétitivement dans de nombreux films (*Wishmaster, Halloween H20, Le Loup-garou de Paris, Perturbados, Spawn, The Rage: Carrie 2, Stigmata, The House of Wax, Le Labyrinthe de Pan*[100]).

Dans *Hannibal Rising* (2007, Peter Webber), nous voyons comment les pulsions carnivores du garçon envers sa sœur, justifiées par le fait qu'elles sont attribuées à des adultes pervers remplaçant les parents morts dans des circonstances de guerre qui provoquent également l'arrivée de telles figures de remplacement, sont assumées par le héros qui reproduit le rituel originel du cannibalisme incestueux assisté jusqu'à un certain point (le moment où il n'a plus besoin de cette figure tutélaire) par la femme d'un oncle mort qui le soutient et l'aide dans ses délires meurtriers dans lesquels elle prend un certain plaisir et qui sont produits originellement:

1. En assumant l'influence totémique de personnages généalogiques (samouraïs ancestraux, dont la loi et les règles d'honneur semblent à tort valider pour le héros ses actions meurtrières et perverses);

2. En accédant au sexe évoqué de manière renouvelée de cette tante dans une symbolisation de l'accès qui la purifie de la sexualité en substituant la pénétration au déchirement des hommes attirés par la tante (phénomène similaire à *Psychose* d'Alfred Hitchcock, 1960).

Ainsi, la tante apparaît comme une réincarnation du fantasme envers la sœur (comme dans le cas de Jean-Yves, tante et sœur sont des figures maternelles, mais du fait de leur éloignement relatif dans la relation parentale avec l'enfant, elles rendent le désir d'inceste plus acceptable pour lui).

De même, dans le cas de la jeune sœur et de la tante, Hannibal assume un rôle protecteur (de Père) qui, paradoxalement mais logiquement (parce qu'il n'est pas le Père), conduira à la mort de sa sœur et (parce qu'il n'est pas son oncle) à l'éloignement de sa tante.

II.3.d. Le héros-monstre

Nous voyons que, en ne reconnaissant pas sa différence, Hannibal se révèle à nous et à lui-même comme un monstre. Le film le dit: mort enfant, et son cœur avec sa sœur, devenant le "*monstre*" que le policier dit explicitement qu'il est, à son tour, le pendant d'Hannibal (le sensible Lothaire dans "*L'Homme au sable*") car, bien qu'ayant aussi perdu sa famille à la guerre, il n'est pas devenu psychopathe.

Hannibal s'identifie lui-même comme un monstre lorsque s'éloignant de lui sa tante, car, comme le comte de Monte Cristo, il ne peut oublier sa vengeance sanglante, le dernier puni lui rappelle qui lui aussi a également mangé sa sœur, et pire encore, avec délectation, et qu'il en était conscient et y prenait plaisir. Il reproduit donc ce rituel cannibale en tentant de le justifier moralement sous une forme culinaire (pour le plaisir que lui procure le goût cuit de la chair humaine). Il est caractéristique que, lorsque sa tante l'abandonne, Hannibal, au lieu de l'arrêter, se tourne vers la joue appétissante de son supplicié, principal responsable de la mort de sa sœur, remplaçant ainsi l'objet de son désir symbolique, inavouable et incestueux, en satisfaction non autorisée mais possible à atteindre, même en dehors de la Loi, et aussi en dehors de la famille. En se satisfaisant d'un corps masculin, Hannibal révèle le caractère narcissique de son amour.

À l'instar de ce qui se passe dans *Hannibal Rising* (où le héros remplace ses pulsions narcissiques envers lui-même et au sein de sa famille par une jouissance immédiate des figures masculines, auxquelles il impute ses propres péchés), dans *V pour Vendetta* (2005, James McTeigue), le héros est aussi le tortionnaire de l'héroïne, soi-disant pour son bien. La substitution du méchant par la figure protagoniste (le héros lui-même ou son meilleur ami ou son patron immédiat) est un phénomène si courant que ses exemples sont innombrables: *Les Chants de Maldoror* (1868-1869) du Comte de Lautréamont, *Le meurtre de*

Roger Ackroyd (1926) d'Agatha Christie, *Angel Heart* (1987) d'Alan Parker, *No Way Out* (également de 1987) de Roger Donaldson, *The Usual Suspects* (1995) de Bryan Singer, *Mission: Impossible* (1996) de Brian De Palma, *The Devil's Advocate* (1997) de Taylor Hackford, *Fight Club* (1999) de David Fincher, *Blood Work* (2002) de et avec Clint Eastwood, *Secret Window* (2004) de David Koepp (film basé sur un roman de Stephen King), *Constantine* (2005) de Francis Lawrence, *Hide and Seek*. Cette identification est le pendant de l'identification christique du narrateur romantique[101], ce qui confirme la participation éclatante de Keanu Reeves dans *L'avocat du Diable* et *Constantine*, ainsi que dans la trilogie *Matrix* (1999 et 2003, Andy et Larry Wachowski). C'est ce que confirme également la saga *Star Wars* de George Lucas, qui a débuté en 1977, précisément à partir de la relation mythologique (dans les mythes et légendes classiques, ainsi que dans la littérature populaire, notamment à partir du XIXème siècle) père-fils.

Dans *Origines littéraires de la pensée contemporaine*[102], et notamment dans notre ouvrage *Mythanalyse du héros dans la littérature policière (de Dupin, Lupin et Rouletabille aux super-héros de bandes dessinées et de cinéma*[103], ainsi que dans plusieurs articles de "*Hablemos de Cine*"[104], nous avons analysé cette récurrence identitaire sous le concept de "*héros- monstre*".

C'est ainsi que nous l'avons défini dans l'article sur *The Horse Whisperer*[105] (1998, interprété, dirigé et produit par Robert Redford) dans "*Hablemos de Cine*":

"*Comment un fermier américain grincheux réussit à redonner le goût de vivre à une adolescente cruellement marquée par le destin.*

A) THE HORSE WHISPERER ET THE POSTMAN
Dans The Avengers, lorsque les héros pénètrent dans l'antre du méchant à l'architecture néoclassique et à l'équipement hypermoderne et technologique, ils font une pause significative dans la partie classique, en regardant les artefacts sophistiqués, affirmant ainsi leur appartenance au monde traditionnel comme un signe distinctif de leur être valorisé.

Dans The Horse Whisperer de Robert Redford - également producteur du film - avec Scarlett Johansson, Sam Neill, Kristin Scott Thomas (Quatre mariages et un enterrement, Random Hearts) et Redford (qui reprend ici un rôle opposé à celui qu'il avait dans The Electric Horseman de Sydney Pollack en 1979, avec Wilford Brimley, Jane Fonda, Basil Hoffman, Willie Nelson et Valerie Perrine), d'après le roman à succès de Nicholas Evans, le film s'inspire de l'expérience de Grant Golliher, comme dans Winds of Hope, For Richer or Poorer, ou de films antérieurs comme Fried Green Tomatoes de Jon Avnet en 1991, avec Kathy Bates, Mary Stuart Masterson et Jessica Tandy, ou Simple Secrets, c'est le retour des héros à un mode de vie traditionnel qui les amène à se reconstruire et à se redécouvrir physiquement et moralement.

En référence à Chisum, à la fin, lorsque le héros sur son cheval voit l'héroïne s'éloigner, dans The Horse Whisperer, sont opposés l'héroïne londonienne de New York et le cowboy du Grand Ouest américain.

Comme dans For Richer or Poorer, c'est en se confrontant au monde patriarcal traditionnel que l'héroïne découvre son véritable rôle de femme dans cette société et accepte de l'assumer.

Comme dans les œuvres de Caleb Carr, New York devient une imitation du modèle européen. Et comme dans "The Evitable Conflict" (Astounding Science Fiction, Juin 1949[106]) d'Isaac Asimov, la ville européenne devient à son tour un pâle reflet de l'âme américaine. Ainsi, son envie de succès fait d'elle une caricature des yuppies. En face d'elle, le cow-boy, joué par Robert Redford, le réalisateur du film, incarne le mythe nationaliste typique de la société en expansion constante des superpuissances (voir Londres ou Paris au début du siècle, l'art des futuristes italiens ou Godzilla[107]).

Le contraste entre les deux personnages (remplacé plus directement dans CopLand de James Mangold en 1998, avec Ray Liotta, Sylvester Stallone, Robert De Niro et Harvey Keitel [ces deux acteurs qui ont travaillé ensemble dans plusieurs films de Martin Scorsese, et que l'on retrouve ici], et The Family Man par le contraste manichéen entre New York, comme ville tentaculaire de gratte-ciel, et ses banlieues, comme archétypes de la vie suburbaine américaine) peut être compris en comparant les principes de liberté et d'apologie de la classe moyenne américaine dans "Shah Guido G" d'Asimov et dans Titanic, typiques de l'auto-affirmation de la société industrielle américaine.L'Homme de la famille par son contraste manichéen entre New York comme ville tentaculaire de gratte-ciel et ses banlieues comme archétypes de la vie américaine aux USA) peut être compris en comparant les principes de liberté et d'apologie de la classe moyenne américaine dans "Shah Guido G" (Marvel Science Fiction, Novembre 1951[108]) d'Asimov et dans Titanic, typique de l'auto-affirmation de la société industrielle occidentale après les années 50 (voir aussi dans ce sens Le Petit Théâtre de Jean Renoir, dernier film du cinéaste, sous forme de sketches, diffusé dans un premier temps à la télévision en 1970 et exploité en salles à partir de 1975).

Comme dans La Voie martienne (Galaxy Science Fiction, Novembre 1952[109]) d'Asimov, Chroniques martiennes (1950) de Ray Bradbury ou Perdus dans l'espace[110], le pionnier est l'archétype de l'homme du Nouveau Monde.

Dans The Postman, troisième film de Kevin Costner en tant que réalisateur, version terrestre de Waterworld et version futuriste de Danse avec les loups, est développé un discours anti-guerre et écologique qui sert de substrat à l'apologie du même modèle whitmanien. Le sujet et la durée du film, similaires à ceux de The Horse Whisperer, font référence aux films de Frank Capra ou à la biographie d'Abraham Lincoln avec Henry Fonda. La longue durée du film nous rappelle également, comme dans The Horse Whisperer, l'esprit épique des westerns.

Avec les chemins de fer, la poste est ce qui a permis de construire les États-Unis en tant que nation (voir aussi, par exemple, la nouvelle de Philip K. Dick, "A Terran Odyssey"[111]). Cette idée renforce le personnage joué par Costner, qui devient un héros malgré lui, nous rappelant le protagoniste de L'homme qui tua Liberty Valance de John Ford en 1962, avec Lee Marvin, Vera Miles, James Stewart et John Wayne (Miles et Wayne s'étant déjà rencontrés dans The Searchers de John Ford en 1956), ainsi que les John Doe de Capra, symboles de la nationalité.

L'homonymie entre les titres The Postman (1997) et Il Postino (film de Michael Radford de 1994 sur l'exil de Neruda en Italie) fait de The Postman l'expression, parallèle à la problématique latino-américaniste de Il Postino, de l'histoire patriotique des États-Unis à travers la figure emblématique du facteur (voir The English Mail-Coach de De Quincey, ou les figures du héros de L'Échelle de Jacob, un professeur d'université qui, après la guerre du Vietnam, ne trouve pas d'autre emploi que celui de postier, et dont le personnage agit de manière dialectique avec celui de Messinger dans le film ultérieur City of Angels [1998, Brad Silberling[112]]).

B) SE7EN ET WINDS OF HOPE

Contrairement à ce qui se passe dans The Bridges of Madison County, film de Clint Eastwood réalisé par des acteurs en 1995, avec Eastwood (qui a également composé la musique du film), Victor Slezak et Meryl Streep (remake de Breezy, son film de 1975, avec William Holden et Kay Lenz, cette fois entre deux acteurs du même âge), dans The Horse Whisperer, l'amour entre les héros n'est pas impossible en raison de l'interdiction sociale, mais de l'incompatibilité de leurs coutumes.

Ainsi, comme dans Winds of Hope, avec Sandra Bullock, Harry Connick Jr, Michael Pare, Gena Rowlands et Mae Whitman, un film réalisé par le célèbre acteur et réalisateur Forest Whitaker, l'opinion publique est l'expression d'un bon sens juste et sans équivoque. Dans Winds of Hope, la représentation de l'émission télévisée ne sert pas à révéler le caractère coercitif de l'image, contrairement aux films examinés dans notre article sur The Truman Show[113], mais valide plutôt son rôle de justicier public.

On rencontre très souvent le "road movie" sentimental sur l'histoire d'amour entre une femme intellectuelle et un homme rustique qui la conduit malgré elle, un enlèvement moderne symbolique. Citons: les films d'Hitchcock, Six Days, Seven Nights 1998 d'Ivan Reitman (également producteur du film), avec Harrison Ford, Anne Heche, Allison Janney, Temuera Morrison, David Schwimmer et Danny Trejo (dont le titre souligne le symbolisme de la genèse de la rencontre), les téléfilms A Fare to Remember 1998 de James Yukich, avec Max Alexander, Peter Birkenhead, Challen Cates, Stanley Kamel, John Ratzenberger, Tracee Ellis Ross, Jerry Springer et Malcolm-Jamal Warner (qui s'est fait connaître dans la troisième version du Cosby Show), et Love Among Thieves (1987) de Roger Young, avec Patrick Bauchau, Alma Beltran, Ismael "East" Carlo, John Davis Chandler, Samantha Egar, Joy Garrett, Audrey Hepburn, Brion James, Kenneth Kimmins, Christopher Neame, Jerry Orbach et Robert Wagner, où les Mexicains sont dépeints comme un peuple primitif, farceur et bruyant, comme dans Crazy From the Heart. Dans le film Thelma & Louise de Ridley Scott, récompensé par un Oscar en 1991, avec Geena Davis, Harvey Keitel, Christopher McDonald, Michael Madsen, Brad Pitt et Susan Sarandon (que l'on retrouve dans Stepmom), l'amitié fonctionne entre deux femmes. Dans Winds of Hope, c'est la femme qui est grossière. Alternativement, dans ces pièces, c'est l'homme ou la femme qui peut être considéré comme insupportable.

De plus, la relation complexe entre deux protagonistes du type Wind of Hope est déjà le motif secondaire du téléfilm de Noël 1995 au titre évocateur de Jud Taylor, A Holiday to Remember, avec Brenda Bazinet, Benedict Campbell, Kyle Fairlie, Richard Fitzpatrick, Lili Francis, Elizabeth Lennie, Rue McClanahan, Don McManus, Charlotte Moore, Joshua Satok, Connie Sellecca, Randy Travis, Asia Vieira et Sandy Webster.

Un antécédent au thème du retour aux sources de la vérité des petites villes est le film Doc Hollywood, réalisé par Michael Caton-Jones en 1991, avec Bridget Fonda, Michael J. Fox, George Hamilton, Woody Harrelson (Natural Born Killers) et Julie Warner. Comme ce dernier, Happy, Texas de 1999, écrit, réalisé et produit par Mark Illsey, avec Tim Bagley, Paul Dooley, Illeana Douglas, Mo Gaffney, M.C. Gainey, Michael Hitchcock, William H. Macy, Jeremy Northam, Ron Perlman, Scarlett Pomers, Ally Walker (Universal Soldier, Profiler) et Steve Zahn, raconte comment des garçons intelligents de la ville tombent amoureux de provincials.

Sa culpabilité étant l'envie, comme le tueur du Silence des agneaux (qui rappelle tellement Hannibal Lecter lui-même dans le film), le psychopathe apparaît dans Se7en comme un spectateur du monde dans lequel il vit.

Se7en tourne autour du chiffre sept, car son histoire se déroule le temps d'une semaine, la dernière semaine de la vie de l'ancien policier noir avant sa retraite. Dans Se7en, le tueur justicier apocalyptique, John Doe (nom donné aux personnes sans identité dans les hôpitaux et équivalent à celui de John Doe, ce qui met en évidence son caractère symbolique), acceptant de se sacrifier pour l'exemplarité des autres, comme le tueur du NéoPolar également examiné dans notre article sur The Truman Show[114], l'est évidemment par l'identité entre ses points de vue et ceux du policier noir, le porte-parole du moralisme des auteurs du film (ce qui est également confirmé par sa reddition volontaire aux autorités policières qui, en théâtralisant la série de ses sept crimes, la fait soudain apparaître comme une véritable "mise en miroir" de la réalité sociale contemporaine), conformément au modèle du héros-monstre dont Lautréamont a probablement donné le ton avec Les Chants de Maldoror (voir aussi en ce sens, outre Se7en, The Murder of Roger Ackroyd d'Agatha Christie et Gossip de Davis Gugenheim, qui est la version adolescente de Sleuth de Mankiewicz, et la pièce de théâtre contemporaine dans laquelle un homme, après avoir assassiné sa femme, se retrouve au centre d'une machination policière dans laquelle un agent prend la place de sa femme afin de le forcer à reconnaître les faits). Il est intéressant de noter qu'à la fin de Jane Austen's Mafia, une parodie du meurtre du Cardinal dans Le Parrain III, l'homicide de la gentille petite poupée dans les programmes pour enfants, explicitement justifié parce que les méchants dans les films peuvent se permettre ce que les honnêtes gens ne peuvent pas faire, nous renvoie au même phénomène d'identification entre le spectateur et le héros hors-la-loi.

Le héros-monstre est celui qui se rend, finalement, compte que le meurtrier ou le méchant avec lequel il s'est battu tout au long de l'histoire n'est autre que lui-même (voir par exemple Angel Heart, L'Échelle de Jacob[115] ou l'antérieur The Tenant - en quelque sorte une variation sur le thème récurrent de Roman Polanski de l'être qui crée son propre enfer, de Rosemary's Baby à Death and the Maiden de 1994, avec Gilberto Cortés, Jorge Cruz, Ben Kingsley, Carlos Moreno, Krystia Mova, Sergio Ortega Alvarado, Eduardo Valenzuela, Jonathan et Rodolphe Vega, Sigourney Weaver, Stuart Wilson, d'après la pièce à succès d'Ariel Dorfman, en passant par Repulsion, qui peut être considérée d'une certaine manière comme la version féminine de The Tenant, ou Lune de Fiel). C'est le cas chez Agatha Christie, bien sûr, mais aussi dans des films comme Shattered (1991) de Wolfgang Petersen, avec Tom Berenger, Corby Bernsen, Bob Hoskins, Greta Scacchi et Joanne Whalley, dans lequel, de manière significative, le motif de la panique apparaît comme un symbole du destin du héros (car il évoque le lieu de son amour avec l'héroïne, ainsi que sa mémoire perdue), un motif créé par Adrian Lyne dans L'Échelle de Jacob (1990).

Mais en même temps, le héros monstre est aussi victime de sa propre vie et de sa transgression, comme dans Angel Heart, Se7ven, Fight Club ou Twelve Monkeys de 1995 de l'ancien Monty Python Terry Gilliam, avec Brad Pitt, Madeleine Stowe et Bruce Willis - qui tire son thème du film photographique français en noir et blanc de 1962, La Jetée, de Chris Marker (également scénariste du film), avec Etienne Becker, Jacques Branchu, Ligia Branice, Hélène Chatelain, Germano Faccetti, Davos Hanich, André Heinrich, Pierre Joffroy, Janine et William Klein, Jacques Ledoux, Jean Négroni (le narrateur) et Philbert von Lifchitz -.

Et c'est même dans la tentation du péché que le héros-monstre se révèle, non seulement à nous, mais à lui-même, comme monstrueux. Ainsi, dans le cas de Lacenaire, des héros de Crime et Châtiment de Dostoïevski, de La Tête d'un homme de Georges Simenon - deux œuvres qui entretiennent entre elles, et dans ce dernier cas également avec la figure emblématique pour la France de Lacenaire (que l'on retrouve de manière significative dans Les enfants du Paradis), une relation très étroite -, de Les caves du Vatican d'André Gide, et de L'Étranger d'Albert Camus, avec une similitude thématique et idéologique identique entre les protagonistes de ces deux dernières. Les personnages de ces quatre œuvres ont en commun avec les jeunes tueurs de Rope (1948) d'Alfred Hitchcock, avec Joan Chandler, Constance Collier, John Dall, Douglas Dick, Edith Evanson, Farley Granger, Cedric Hardwicke et James Stewart, l'affirmation de leur droit divin à tuer. Comme Gregory Samsa dans La Métamorphose ou le personnage de Capote de Gogol, c'est l'éloignement du héros de la norme, socialement et intellectuellement - nous avons souvent de jeunes protagonistes éduqués, archétypes de l'écrivain lui-même, agités, bohèmes et pauvres - qui le définit comme hors de l'accepté, au-delà, supérieur, et pour cette raison, à juste titre, incompris.

La meilleure preuve en est que le premier péché puni dans Se7en est celui de la gourmandise, hautement symbolique d'un point de vue social, puisque, comme nous l'avons montré dans "L'iconographie du gros aujourd'hui"[116], il renvoie à l'opposition entre les pauvres et les riches, la masse du peuple opprimé et le pouvoir (voir aussi la chanson "Fat" du célèbre humoriste américain Weird Al Jankovic, qui s'inspire de "Bad" de Michael Jackson, et les parodies de chansons populaires françaises de Patrick Sébastien ou Les Framboises Volantes, qui évoquent le manque d'amour d'un pauvre homme pour sa copine obèse et boulimique). Le point de vue du meurtrier devient donc, dès le départ, symboliquement celui de la majorité. De plus, ses sept crimes nous renvoient clairement à la valeur éthique et mystique du corps puni, comme c'est le cas des cinq morts violentes d'Angel Heart[117], qui lui a servi de modèle.

C'est pour avoir défendu aveuglément des points de vue opposés à ceux du criminel que, contrairement au vieux flic, le jeune flic (l'image exacte de ce qu'était son partenaire et mentor avant que la vie ne le laisse tomber) se noiera avec sa femme, interprétée par Gwyneth Paltrow dans l'une de ses premières prestations, dans les tentacules infernales de la ville (dont le caractère de Tour de Babel est dénoncé dans le film par le décor nocturne, la lumière rouge permanente qui baigne les intérieurs et la musique grunge du générique), au lieu de s'en libérer comme les deux héros du film Deadline at Dawn (1946, Harold Clurman) d'après le roman (1944) de William Irish, qui parviennent finalement à force de volonté à sortir de la ville et à regagner leur ville natale. Au contraire, dans The Avengers (la série: 1961-1969; et le film: 1998, Jeremiah S. Chechik[118]), les décorations et l'atmosphère du début du siècle soulignent la nature bénéfique de la tradition.

Le caractère christique du héros-monstre est mis en évidence en le comparant à Jésus lorsque ce dernier, déjà mort et ressuscité, se révèle à ses disciples, en particulier à ceux d'Emmaüs, après leur avoir raconté son propre sacrifice à la troisième voix[119]. Ainsi, dans le film Frailty (2002) de Bill Paxton, avec Luke Askew, le célèbre acteur de télévision Powers Boothe, Matthew O'Leary (Domestic Disturbance), Matthew McConaughey (EdTV, The Wedding Planner), Paxton et Jeremy Sumpter, la mise en scène du protagoniste, shérif justicier et "main de Dieu", est similaire à celle d'Incassable, et nous renvoie explicitement par les mots du père à la qualité de super-héros protecteur du monde américain. À la fin du film, la divinité et la patrie sont identifiées dans le regard du héros, messager de Dieu et protégé par le drapeau américain, ce qui nous ramène à Blackboard Jungle ou à Air Force One[120]. Dans la situation du héros maléfique de Usual Suspects, le héros de Frailty s'oppose à l'agent démoniaque du F.B.I., dans une dialectique entre loi prochaine et loi supérieure que l'on retrouve dans Mission: Impossible ou Most Wanted[121] et les films apparentés."

II.4. Conclusion

Cependant, il nous semble que l'identité:

1. Entre le héros et les figures de substitution contraires d'un pouvoir supérieur au héros qui le domine (comme chez Hoffmann, et en général dans les récits de Poe: "*The Tell-Tale Heart*" ou "*The Black Cat*", tous deux de 1843; c'est aussi le Père-Croque-mitaine comme nous l'appelons, voir en ce sens, les protagonistes malveillants et les titres mêmes des films "*slasher*" *The Boogeyman* - littéralement *Le Croque-mitaine* -, 1980, d'Ulli Lommel, et, de la même année, l'interdit *Christmas Evil, aka You Better Watch Out*, de Lewis Jackson);

2. Entre le pouvoir imposé aux protagonistes dans les films d'horreur et une loi parentale, souvent directement liée à l'interdit sexuel (les premiers à mourir sont toujours ceux qui ont des rapports sexuels au début des films *slasher*, avec la vierge quelque peu biblique et originale, symbole de l'ordre moral, "*Last girl standing*" vainquant finalement le monstre, comme l'ont déjà montré les critiques, voir l'excellent documentaire *Slasher*, 2004, de John Landis);

3. Entre le héros et sa propre ombre (Jekyll et Hyde), le principe du héros-monstre (Banner et Hulk), permet d'aller un peu plus loin, et pas seulement dans la compréhension des mécanismes de la pensée contemporaine, comme nous l'avons proposé dans *Origines littéraires de la pensée contemporaine* à propos de la figure du héros-monstre, en l'étudiant depuis ses origines dans le romantisme et dans l'identification de l'artiste maudit aux contre-figures de l'ordre moral préétabli (Adam; Prométhée; Méphistophélès ou Faust, voir le début de *La Beauté du Diable*, 1950, de René Clair; ou avec le Diable lui-même, voir *Les chants de Maldoror*), mais aussi, beaucoup plus généralement, dans

l'approche de la mentalité humaine (comparons, de fait, avec le fils violeur caché à sa mère dans les mythes d'origine[122]), en assumant l'*Unheimliche* comme une ombre (voir la fin de *The Prisoner*, 1967-1968, de Patrick MacGoohan, et notre travail sur cette série télévisée[123], ainsi que la fin du film *Happy Birthday to Me*, 1981, de J. Lee Thompson, fins dans lesquelles le protagoniste découvre qu'il s'est battu contre lui-même, se retrouvant sous l'apparence d'une figure masquée, la fameuse "*persona*" latine, l'héroïne meurtrière de *Happy Birthday to Me* inspirant la fin de *I Know What They Did Last Summer* de Jim Gillespie, 1997), et cette ombre comme champ des interdits de la loi parentale avec laquelle l'esprit se bat en duel pour tenter de les renverser dans un processus de:

1. La reconnaissance de soi;
2. Le dédoublement (c'est-à-dire la différenciation avec les désirs propres du sujet; Gobert[124] note que, après un état originellement animiste, l'enfant, particulièrement l'enfant mâle, en vient, vers l'âge de sept-huit ans, à définir Dieu avec les attributs et même l'emploi du Père, ce qui révèle, dans l'esprit collectif primitif, la présence de ce processus d'apparition d'un équivalent éloigné de la Loi, dans lequel, pouvant déporter les mauvaises pulsions d'agression tant du sujet vers ce nouvel objet que de cet objet: le père malveillant des films d'horreur - et la belle-mère des contes de fées - envers le sujet, la foi et la sécurité sont placées dans l'exemple et le modèle du Père, tant en ce qu'il représente de protecteur, dispensateur d'affection et de chaleur, comme de dominateur et d'injuste, voir, dans ce dernier sens, la figure récurrente du père qui, étant le violeur de sa fille, perd ses propres traits pour elle, semblable au père dans "*L'Homme au sable*", dans *Twin Peaks: Fire Walk with Me*, 1992, de David Lynch, *Hide*

& Seek, ou *An American Haunting*, 2005, de Courtney Solomon);

3. Et d'écartement. Ce qui provoque souvent symboliquement la mort du sujet lui-même, puisque, reconnaissant l'altérité de soi-même, la seule alternative pour se libérer est d'abandonner complètement cette vieille peau et de passer du champ de l'incertitude et des conflits sexuels au champ beaucoup plus réconfortant et rassurant de la spiritualité pure et non matérielle.

Dans ce cas, l'abandon et/ou le rejet de soi n'est que l'expression du besoin de tuer l'Autre *Moi*, géniteur et castrateur (voir Darth Vador, qui, impliqué par son nom[125], de l'avis même de Mark Hamill, protagoniste de Luke, coupe la main de son fils Luke Skywalker, dans *Le Retour du Jedi* de Richard Marquand, 1983). Ne se confondant plus avec lui ou ses désirs, mais en s'assumant comme une victime à part entière de soi, jusqu'au moment final de la mort (la fin de *Massacre à la tronçonneuse* est ainsi significative, l'héroïne s'échappant parce que le psychopathe se blesse lui-même à la jambe avec sa propre scie électrique), un sacrifice de soi rédempteur qui permet de remplacer l'ancien Roi par le nouveau[126].

C'est le même processus que celui de la philosophie latino-américaine, qui va du "*ser como*", face à l'archétype, au "*poder ser*" et, finalement, après avoir dépassé le modèle initial et défini le sujet "*para sí*", au "*ser en sí*".

Chucky, la poupée naine meurtrière, caractérise dans sa propre physiologie, plus encore que *Ça* de King, les valeurs et les vertus de l'enfance trahies par les appétits de l'adulte. Le même spectateur peut alors reconnaître en lui à la fois les éléments de satisfaction adulte de son être actuel, les peurs enfantines de la poupée qui devient soudain harceleuse, et la présence immanente de la Loi ou du Père, car, s'il y a un enfant (ou une poupée), il y a un adulte, si l'enfant est gâté, il y a un adulte qui punit, seulement ici, la poupée même, selon un procédé sìmilaire à celui que l'on trouve chez Hoffmann, est à la fois punie (par sa taille et ses cicatrices, deux éléments qui définissent le personnage de Chucky) et punissante.

Selon nous, l'insistance sur le thème de la violence provenant du même quartier que celui où vit le héros (*Resident Evil*, ou le film de la BBC qui s'en est inspiré: *Salvage*, 2009, de Lawrence Gough - qui trouve son origine dans la série anglaise depuis la version originale de *The Avengers* dans ses trois périodes dans les années 1960), qui correspond au motif du voisin dangereux, très commun (Samuel L. Jackson, qui a par exemple joué dans *Lakeview Terrace* de Neil LaBute en 2008, révèle cette même pertinence dans la psychologie collective de l'"*Unheimliche*", "*Inquiétante étrangeté*", ou du danger familier, comme on le trouve dans "*L'Homme au sable*").

Que ce soit chez Jorge Luis Borges (la mort dans "*La muerte y la Brújula*" de 1944, la disparition dans "*L'Aleph*" de 1945) ou dans *Le Cinquième Élément* (1997, Luc Besson[127]), il y a toujours une fusion du héros avec le monde. Cela tend à confirmer la thèse jungienne du dépassement de l'*Animus*.

Parallèlement, on trouve très souvent l'idée (*Le Sixième Sens*, 1999, M. Night Shyamalan; *The Others*, 2001, Alejandro Amenábar), historiquement (chez les phénoménistes notamment, comme David Hume et George Berkeley) et psychologiquement l'idée que le monde dépend de la façon dont on le voit[128]. C'est l'image que le thème du héros-monstre nous donne dans l'art et la littérature contemporains, dans sa double représentation: le monstre qui ne se connaît pas lui-même (comme dans *Angel Heart*, 1987, d'Alan Parker; et dans le cas des bandes dessinées d'un enfant qui se réveille dans un monde où tous les êtres qui l'entourent sont des extraterrestres immondes, de ses parents à la police, mais, où, à la fin, il s'avère, pour le spectateur, que c'est l'enfant pourchassé qui est, en fait, le monstre), et celui qui voit des monstres qui peuvent aussi être des anges (*L'Échelle de*

Jacob, 1990, Adrian Lyne[129]). L'autre forme d'apparition du héros- monstre (qui est présenté au lecteur-spectateur à la fin comme un coup de théâtre, cas spécifiques dans: *The Murder of Roger Ackroyd*, d'Agatha Christie, 1926; et *The Usual Suspects*, de Bryan Singer, 1995) semble être due davantage à un dispositif narratif qu'à une raison symbolique de sa définition.

LE PRISONNIER - DU MOI A L'ÊTRE - ESSAI D'INTERPRÉTATION OBJECTIVE*

> *"Escucha, amigo, la canción de la alegría..."*
> *(Himno de la alegría)*

> *"Porter des chaînes est parfois plus sûr que d'être libre."*
> (Orson Welles, *Le Procès*, 1962[1])

En respectueux hommage à Patrick McGoohan

Cet article, publié pour la première fois dans les n° 16, 17 et 18 de la revue *Le Rôdeur*, a reçu en 1995 le 3ème accessit pour la section "Essais" au Concours Arts et Lettres de France

Véritable chef d'oeuvre intellectuel, la série du *Prisonnier*, fable symbolique réalisé en 1967-1968 par l'acteur-auteur-réalisateur Patrick McGoohan[2], bien que consacrée en 1989 par le livre d'Alain Carrazé et Hélène Oswald intitulé *Le Prisonnier - Chef d'oeuvre télévisionnaire*[3], reste insuffisamment étudiée.

I - *Le Prisonnier* et la science-fiction

Elle pose en effet à l'homme moderne des problèmes d'une telle acuité que ses adeptes se sont regroupés en association et se réunissent une fois par an pour en rejouer des épisodes ou des moments forts. Ce qui tend à montrer qu'elle se situe bien dans un rapport macrocosme-microcosme, et que la structure interne du Village[4] est une illustration fidèle de la société humaine telle que nous la connaissons, à ceci près que, comme chez Kafka (notamment dans *Le Procès*[5] de 1925), son statisme, voire son arbitraire, sont représentés par l'administration. En effet, si la

---

*Ce travail a gagné le Prix Arts et Lettres de France dans la Section Essais en 1991.

série peut être rejouée, et a fortiori vingt ans après sa création, c'est qu'elle a un pouvoir de re-présentation (en psychanalyse, le dessin d'un Village symbolise les rapports entre le patient et le monde qui l'entoure).

Son étude pose plusieurs problèmes d'ordre pratique. Tout d'abord, il faut parler du choix du genre. La science-fiction n'intervient pas comme moteur réel de l'action. On ne retrouve pas l'importance donnée aux gadgets, comme dans *Cosmos: 1999* (1975-1977), *Star Trek* (commencée en 1966), voire dans la série des *James Bond*. Même si *Le Prisonnier* offre un panorama presque complet des thèmes de la science-fiction (la folie psychopathe et le déguisement, le retour dans le temps, l'illusion, le rêve, l'administration, le modernisme technologique[6]), celle-ci joue, comme dans *The Avengers* (*Chapeau melon et bottes de cuir*, 1961), un rôle que l'on dira très britannique (car il se trouve déjà chez Lewis Carroll). La science-fiction est en fait anecdotique, elle sert à montrer le "*dessein satirique*"[7] de la série, comme le dira lui-même McGoohan.

Qu'est ce que cette satire? C'est celle, comme il l'explique, qui consiste à montrer un homme qui veut rester lui-même dans une société, alors que l'individualisme est en soi une forme de négation sociale, d'"*anarchie*"[8].

On peut donc dire que le genre employé ici sert de cadre, de prétexte[9], car il est toujours une apocalypse, c'est-à-dire une mise en garde (ou une annonciation, si l'on préfère). Ainsi, la figure du veilleur, le ballon blanc, qui se rencontre déjà dans la littérature contemporaine de science-fiction antérieure au *Prisonnier*[10], est à la fois l'image de la Némésis des hommes et une illustration annonciatrice de l'aspect carcéral du modernisme. C'est en quelque sorte l'image de la psyché collective, comme les Erinyes dans *Les Euménides* (458 av. J.-C.) d'Eschyle ou dans *Les Mouches* (1943) de Sartre.

Un autre point nous pousse à voir dans le rôle du genre un aspect secondaire: le fait que les scénaristes des épisodes soient tous des auteurs de science-fiction, mais que le scénario n'ait pas été laissé à un seul auteur, éventuellement McGoohan lui-même, aidé d'un ou deux autres scénaristes. Or, la multiplicité des signatures va à l'encontre de l'unicité thématique de la série prétendue par McGoohan lui-même. Ainsi, si l'on accepte l'idée qu'il connaissait dès le début la fin qu'il donnerait à sa série, on est obligé, en constatant qu'il appose constamment sa griffe (aussi bien dans la réécriture des scénarii que dans la réalisation, ou dans le travail de découpage), de conclure que l'aspect quasiment "apocryphe" de l'écriture des dialogues et des épisodes est acceptable justement parce que le genre s'y prête, en tant qu'entité (on a dit que *Le Prisonnier* offre un panorama à peu près complet des thèmes récurrents de la science-fiction) apocalyptique. On peut même aller plus loin, et dire que le genre, non seulement a pour unique but d'illustrer une thématique qui lui est propre, mais que la multiplicité des signatures a quant à elle pour but de relever l'univocité du discours, derrière cette sorte de polylogue permanent entre les auteurs. C'est pourquoi aussi les épisodes ont d'évidentes dissonances entre eux sans que cela pose problème[11] (ainsi, notamment dans les premiers épisodes, certains éléments du Village sont mis en place, alors qu'ils ne réapparaîtront plus par la suite, par exemple les statues-caméras, le titre de Général attribué au chef-fantôme du Village, ou les numéros donnés au numéro 6 dans les dixième et treizième épisodes[12]).

Cette hypothèse est confirmée par la suite "logique" des épisodes. On s'aperçoit en effet que les premier, deuxième et troisième traitent tous du départ-retour (comme les septième et treizième d'ailleurs). C'est-à-dire que McGoohan y met en scène successivement l'arrivée (premier épisode), le retour manqué (deuxième épisode), et enfin la révélation de la cause du départ du prisonnier (troisième épisode).

De même, les épisodes 9 et 10 traitent du rapport prisonniers-gardiens (dans le dixième en effet, le numéro 2 va être conduit à la folie car il croit que le numéro 6 est un espion du numéro 1 chargé de le surveiller[13]). Et les épisodes 11 et 15 parlent d'une mort réelle (ou d'un danger de mort, ce qui est pareil), de la Mort, alors que les 12 et 16 parlent d'une mort symbolique, celle de la mort au monde (douzième épisode), qui va donner lieu à la renaissance (au seizième, on y reviendra).

Les épisodes 4, 5 et 6 sont reliés par la figure du numéro 12 dans le sixième. Ce numéro 12, qui fait partie d'un groupe dissident, est une sorte de double du prisonnier (comme le numéro 12 du cinquième épisode), et de plus, il porte à la boutonnière une cocarde à l'effigie du professeur, qui fait référence bien sûr à la campagne électorale du quatrième épisode. Le thème du double est à nouveau traité dans le treizième épisode (comme le prouve l'introduction qu'y fait le numéro 2 sur les yogi).

Le quatorzième, traité sous forme de western, montre bien que le genre sert de cadre. En effet, il inscrit la série dans une intemporalité qui exclut l'hypothèse communément admise qui veut que la série soit une critique du modernisme. En fait, il montre que le thème en est le duel psychologique (thème du double d'une certaine manière), qui se retrouve dans le genre qu'est la science-fiction. Cet épisode reprend d'ailleurs le développement de la série, arrivée, impossibilité de s'échapper du Village, nommé symboliquement Harmonie, les bagarres, le procès, etc...

De même ici, comme dans le troisième épisode, les numéros 2,

8 et 20 perdent à la fin la raison, car ils font partie intégrante du monde ambigu du prisonnier[14], où celui-ci, perdant perpétuel, n'en reste pas moins vainqueur éternel, ce qui explique l'impression satisfaisante que l'on ressent à chaque fin d'épisode, et qui vient justement du charisme du numéro 6.

II - *Le Prisonnier* et *Destination Danger*

Un autre problème posé par l'étude de cette série est son rapport à celle, antérieure, qui a rendue McGoohan célèbre, *Destination Danger* (1960-1967). Dans son excellent article, "*John Drake est-il le numéro 6?*"[15], Florence Livolsi a montré que ce qui liait ces deux séries n'était au fond que des éléments que nous qualifierions de "conjoncturels".

Pourtant, il faut bien se rendre compte que, à l'inverse de ce que dit Livolsi, ces éléments conjoncturels, pour être ponctuels, n'en sont pas moins primordiaux.

En effet, si la photo du prisonnier qui tombe dans le fichier des démissions au début de chaque épisode est celle du générique de *Destination Danger*, si le costume noir du numéro 6 est celui que porte Drake dans certains épisodes, si les deux héros ont le même prénom et sont tous deux des agents spéciaux britanniques, si certains épisodes de *Destination Danger*, soit par leur atmosphère ou leurs motifs[16], anticipent *Le Prisonnier*, tout ceci ne relève pas du pur hasard. C'est parce que la structure même du *Prisonnier* nécessitait un certain manichéisme de départ, d'abord pour que la situation soit tout de suite crédible (le spectateur ne se demande même pas qui est le personnage dans l'épisode pilote, ce qui serait pourtant naturel), et ensuite pour que le héros, qui est volontairement caricatural[17], soit immédiatement doté du charisme que Drake avait acquis dans le coeur des téléspectateurs en dix ans de programmation. C'est pourquoi, par exemple, l'habit noir, rappelant celui du célèbre Zorro ou des ministres du culte (on notera cependant que le noir, référence au drapeau noir de l'anarchie et "*promesse d'une vie renouvelée*"[18], symbolise "*le chaos, le néant, le ciel nocturne, les ténèbres terrestres de la nuit, le mal, l'angoisse, la tristesse, l'inconscience et la Mort*"[19] - on reviendra sur cet aspect psychanalytique du personnage -), laisse, par contrecoup, apparaître le prisonnier comme un être solitaire et un justicier (à noter que McGoohan portait déjà un habit noir dans *Dr Syn alias Scarecrow - Le justicier aux deux visages* de 1963, où il incarnait un justicier masqué assez proche de Zorro justement, et qui en outre était vicaire[20]), mais aussi comme un meneur et un modèle, ainsi qu'on le verra dans les quatrième et neuvième épisodes.

Il ne faut pas oublier effectivement que McGoohan a une formation théologique (il voulait devenir pasteur, avant de se tourner vers les planches). Or, *Le Prisonnier* est une fable morale. Nous avons cité Lewis Carroll, si en ce qui le concerne l'on ne peut pas vraiment parler de science-fiction hmais plutôt de science dans la fiction merveilleuse), on ne peut néanmoins pas définir son oeuvre pour enfants autrement que comme des contes moraux.

Ainsi, la formation théologique de McGoohan (qui aide par ailleurs à comprendre sa recherche de manichéisme, aussi bien dans la morale finale du *Prisonnier* que dans son personnage même) et l'aspect charismatique de Drake nous permettent-ils d'emblée d'attribuer au *Prisonnier* un concept intellectuel et moralisant.

Ainsi, le thème du double, qui se rencontre, comme on l'a dit, dans de nombreux épisodes, se situe à plusieurs niveaux. D'abord au niveau amoureux, la femme est le numéro 20, soit huit et douze, or 12 est le numéro du double dans le cinquième épisode notamment. Le gardien de la prison porte le numéro 8, soit six et deux, or deux est bien le chiffre habituel du couple. Et de fait, le numéro 8, qui, par son aspect taciturne, tient le rôle du veilleur (la boule blanche - il est le gardien de la prison), apparaît comme le double du numéro 6, aussi bien sous la forme d'une machine à tuer à la solde du gouvernement (comme l'était plus ou moins Drake dans *Destination Danger*) dans le quatorzième épisode, que comme rebelle dans le dernier. Il est la version plus jeune du numéro 6 (à la fois élégant, comme le prouve le haut-de-forme, et moderne - et anticonformiste -, comme le montre son habit formé d'un tee-shirt et d'un jean)[21]. Il représente la mutation de Drake, objet de l'ordre arbitraire, en numéro 6, individualiste bardé de conscience. Le thème de la conscience est d'ailleurs récurrent dans la série (dans le quatorzième épisode, le numéro 6 refuse de porter une arme, dans le seizième il refuse de lancer une bombe sur une ville, on suppose qu'il a démissionné pour des raisons morales, etc...). Et en effet, le quatorzième épisode de la série se déroule comme un épisode de *Destination Danger*, aussi bien en ce qui concerne la définition des caractères, atypiques, inquiétants, que dans la présence de la femme, ou que par la scène où elle remet au numéro 6 prisonnier les clés de sa prison.

Ainsi Drake est-il bien la chrysalide du prisonnier, comme l'enfant est celle de l'insurgé de Jules Vallès.

III - *Le Prisonnier* et la psychanalyse

Si le Village est un typisme que l'on peut tout de suite attribuer à la psychanalyse[22] (ce qui, par ailleurs, permet déjà de mettre en place le rapport macrocosme-microcosme, par le lien que cela introduit entre l'individu et son "cadre"), le rôle prééminent de celle-ci n'apparaît vraiment que dans le générique de la série, et dans l'avant-dernier épisode.

Celui-ci, intitulé "*Il était une fois*" nous introduit tout de suite, par son titre, dans l'univers du merveilleux (et donc de l'enfance), et surtout du récit. Et en effet, le numéro 2 va jouer le rôle du psychanalyste, le numéro 6 celui du patient. L'épisode est construit autour des bribes de la vie du numéro 6. De plus, l'endroit, une chambre-forte, représente parfaitement le lieu du retour vers l'intra-utérin.

L'aspect psychanalytique est moins facilement perceptible dans le générique (dont, par ailleurs, le principe de l'échange emblématique en *voix off* entre le prisonnier et le numéro 2, sera repris, dans le sens également d'un dialogue hermétique sur l'appartenance dans celui de *2267 - Ultime Croisade*, série de science-fiction - comme l'est *Le Prisonnier* - de la fin des années 1990, contemporaine de nombreuses autres du moment, telles: *Star Hunter*, *Total Recall* ou *Babylone 5* - ces deux dernières s'inspirant respectivement du film éponyme et de la série *Galactica* -, le genre de la science-fiction ayant, à la fin des années 1990, refait son apparition à la télévision, doublement grâce, dans la décennie antérieure et au début de celle-ci, au succès de *V*, et à l'arrivée en force des séries d'épouvante pour adolescents, grâce à la fortune de films comme *Le Silence des Agneaux*, la série des *Freddy* et des *Halloween*, ainsi que de la série *Le Voyageur* et des reprises télévisées parallèles des classiques *Twilight Zone* et *Au-delà du réel*). Pourtant, les symboles de puissance du héros, et les symboles phalliques qui s'y rajoutent, sont multiples: la vitesse, la Lotus Seven, voiture de course en forme de cigare, et le pas cadencé et volontaire du héros dans un lieu où il devrait être en situation d'infériorité (puisqu'il est observé par une caméra, dont l'oeil est celui du spectateur, lorsqu'il parcourt le corridor jusqu'à la pièce où il donne sa démission). Non seulement il marque le pas, mais en plus, il soulève les pieds, et la caméra, qui s'attarde sur sa démarche, montre que jamais il ne laisse traîner un pied, or lorsque l'on marche ainsi, surtout quand on est observé, le simple fait de faire claquer ses talons, sans jamais faire traîner une de ses chaussures sur le sol, relève véritablement de l'exploit[23]. On pourrait aussi parler du sourire narquois du héros, du coup de poing sur la table, qui brise une tasse, ou du fait que sa voiture est sans capot.

De même, dans les divers épisodes, le prisonnier apparaît toujours comme vainqueur, alors qu'il reste bloqué dans le Village (mais cela s'explique par le fait que, comme dans le quatorzième épisode, il est à la fois prisonnier et geôlier). De plus, il est le type même du héros manichéen, comme on l'a dit, sportif complet, tireur d'élite, etc... (comme on le voit dans le cinquième épisode), d'une intelligence rare...

Finalement, ces symboles phalliques sont les marques rendues volontairement absconses d'un mal-vivre. Le thème, révélé par le coup de tonnerre du début (accentué par les deux qui suivent lorsqu'il donne sa démission), alors que le ciel reste, durant tout le générique, ensoleillé, symbolise le début (qui durera en tout dix-sept épisodes) du combat psychique du prisonnier avec lui-même. On peut donc dire que ces trois coups de tonnerre symbolisent l'"orage qui couve" dans le crâne du prisonnier (image de sa rébellion sociale, justement concrétisée par sa démission).

IV - Le rôle du rêve dans *Le Prisonnier*

De fait, le dernier épisode nous apprendra que le prisonnier est son propre geôlier, puisque le numéro 1 apparaîtra successivement sous les traits d'un masque, d'un singe, et du numéro 6 lui-même, avant de s'enfuir dans une fusée (autre symbole phallique[24], mais ici qui n'est plus caricatural, mais représente bien le retour à l'état de puissance mâle du héros[25] - puisque *Le Prisonnier* en tant que suite allusive de *Destination Danger* est une série d'espionnage, historiquement l'apparition de la fusée, comme dans le dessin animé *No Hear This* de Chuck Jones, d'ailleurs situé en Angleterre, marque l'intérêt idéologique et politique des années 1960 pour la conquête de l'espace, qu'on retrouve dans la seconde moitié des années 1990 dans le deuxième volet des aventures de l'espion Austin Powers, personnage parodique de *James Bond*, réalisée en 1999 par Jay Roach, directeur de l'ensemble de la série, et intitulée *Austin Powers: l'espion qui m'a tirée* -).

Le masque peut être vu comme une référence à la double personnalité (il est divisé en deux, comme les masques antiques, un côté qui rit, un qui pleure, un blanc et un noir), tout comme d'ailleurs la face simiesque qui rit au visage du numéro 6, qui lui rend aussitôt son sourire barbare. En effet, la symbolique traditionnelle du masque, liée au théâtre, renvoie aux notions d'identification et de dualisme[26], et représente "*la manifestation du Soi universel*"[27].

De nombreux éléments permettent d'ailleurs, au sein même de la série, de deviner, avant le dix-septième épisode, que le prisonnier est aussi le numéro 1. Le soin qu'on prend de lui, pour ne pas détruire son esprit. Le fait que *tout* tourne autour de lui. Il semble être la seule obsession de tous les numéros 2, et alors que tous les autres cèdent, il reste le seul à désobéir, sans que la punition soit proportionnelle à la faute, c'est flagrant à la fin du sixième épisode.

De plus, dans cet épisode justement, la femme du professeur ne sculpte que les bustes des numéros 2, et incompréhensiblement s'y glisse celui du numéro 6. Et par-dessus tout, dans le troisième épisode, les tortionnaires du prisonnier, à savoir un médecin et le numéro 2, apparaissent, au-delà de l'anecdotisme de l'action, comme une partie intégrante de son rêve[28]. Serait-ce à dire que le Village tout entier n'est que le fantasme du prisonnier? On est porté à le croire en comparant cet épisode au quatorzième, où là, ses tortionnaires, bien que vainqueurs, finissent on ne sait pourquoi dans la démence, la seule explication plausible étant qu'ils subissent les mutations successives des fantasmes du prisonnier, qu'ils peuvent aussi bien devenir victimes que bourreaux. D'ailleurs, à la fin de l'épisode, les personnages du western apparaissent comme de simples photos (donc images, représentations même, puisqu'il s'agit des photos des numéros 2, 8 et 20), et les numéros 2 et 8 s'interrogent explicitement sur le rapport entre le réel et l'imaginaire dans le subconscient du prisonnier. Ainsi il est à noter que la plupart des épisodes insistent sur l'aspect médical du traitement infligé au prisonnier. (Dans le dixième, le numéro 2 va pareillement devenir le jouet du numéro 6.)

De plus, dans le quatorzième épisode, le numéro 6 joue à la fois le rôle de prisonnier et de geôlier, puisqu'il est shérif, et il confirme, lorsque la barmaid lui dit de s'en aller, qu'il reste volontairement au Village. Ne peut-on en déduire que, comme dans *Autour de ma chambre* de Xavier de Maistre, les protagonistes de la série sont des représentations fantasmagoriques des personnes "réelles" auxquelles le prisonnier a ou a eu affaire tout au long de sa vie (ce sont ainsi souvent ses ex-amis qui le trahissent tout au long de la série).

On peut à ce sujet relever que le début du cauchemar villageois du prisonnier prend sa source après sa démission (symbole d'insociabilité, ou plutôt de déclassement, on y reviendra), et après qu'un étrange croque-mort ait endormi le héros. Or l'on sait très bien que dans la tradition judéo-chrétienne, le sommeil, s'il est symbole de l'*Acedia* (de Paresse, péché des moines qui se laissaient aller aux plaisirs terrestres, et dont une illustration est le dormeur du sixième épisode, que la femme du professeur interprète explicitement comme un symbole de Paresse), est aussi le moyen d'accéder à la vision de l'Au-delà. Dante par exemple, avant d'accéder à l'*Enfer*, s'endort sur un rocher. On pourrait multiplier les exemples (Raoul de Houdenc, Tungdal, etc...).

V - Les trois grands axes de la division thématique du *Prisonnier*

Il faut à ce propos en venir à l'aspect le plus important de la série: sa division thématique. Elle se situe, c'est assez évident, sur trois grands axes: tout d'abord le thème du Bien et du Mal, représenté tout au long de l'oeuvre par la question irrésolue de savoir dans quel camp sont les chefs du Village, le thème du déclassement, et enfin celui, "*the last but not the least*", sur lequel on s'est déjà un peu attardé, de l'optique psychanalytique, qui conduira à la conclusion morale de la série (comme le prouvent les seizième et dix-septième épisodes). Ces trois thèmes s'imbriquent et se chevauchent d'ailleurs constamment.

a) "Le bon côté"

Le premier thème, qui est à la base de la série, est celui de l'espionnage, ou plutôt du "côté", du "bord" pour lequel travaille les dirigeants du Village. Il est issu bien sûr de l'obédience du *Prisonnier* à *Destination Danger*. Mais, si l'on fait attention, on s'aperçoit très vite que les cartes sont faussées.

Dès le premier épisode, le numéro 6 est trahi par l'un de ses anciens amis. Dans le second, ce sont ses anciens chefs et la femme qui il a totalement confiance, qui le trahissent. Enfin, à l'extrême fin du dix-septième, le numéro 2 va reprendre sa place à la Chambre.

Quand à la position du Village, toujours au centre des problèmes du prisonnier qui essaie continuellement de lui donner une localisation précise (dans les épisodes un, quatre - à propos du petit-déjeuner, et sept notamment), elle est elle-même une fausse énigme, puisque le générique du dernier épisode (de la version originale[29]) donne sa situation. Ainsi donc, ceci induit forcément - à moins d'une machination infernale - que ce sont les Anglais qui ont fait prisonnier le numéro 6, à moins que ce ne soit un mauvais rêve (on y reviendra).

Le troisième épisode pose la question de l'appartenance même du prisonnier, et il est à remarquer que, même si personne ne croit vraiment qu'il ait trahi, ceux susceptibles d'être ses contacts sont des personnes de la bonne société britannique; de plus, il faut relever que le principal souci du numéro 2 dans cet épisode (comme dans tous les épisodes) est de savoir pourquoi le prisonnier aurait trahi. En d'autres termes, la préoccupation des autorités du Village est celle des services secrets britanniques. De même, dans le treizième épisode, la recherche de Zelsman aide les britanniques; de plus, la fin de l'épisode est très ambiguë, puisque la barrière entre le prisonnier et le numéro 2 semble évanouie. Le numéro 6 semble n'avoir ni perdu ni gagné, et il s'adresse au numéro 2 comme s'ils étaient du même bord. Dans le cinquième épisode, c'est un des anciens chefs du numéro 6 qui le trahit à nouveau. Cette même barrière semble tout aussi curieusement disparue dans le onzième épisode, où le numéro 6 empêche le meurtre du numéro 2 (le prétexte étant d'éviter des représailles contre les habitants du Village, alors que les auteurs du complot sont explicitement les maîtres du Village), ou dans le dix-septième épisode entre le numéro 6 et l'ex-numéro 2, qui va se mettre de son côté, sans raison apparente. Dans le neuvième épisode, la distinction entre les gardiens et les prisonniers n'est pas claire. C'est ce dont se plaignent d'ailleurs le prisonnier et ses acolytes. Et là encore, comme dans le quatorzième épisode, le prisonnier va être vu comme un gardien, mais cette fois, ce sera par les prisonniers eux-mêmes.

b) Le déclassement

Ceci induit le second thème, qui est celui du déclassement. Dans le premier et le dernier épisode, le numéro 6 dit qu'il ne veut pas être classé, fiché, estampillé, etc... Il veut rester un "homme libre". Il ne veut pas être un numéro. Pourtant, son numéro est celui que les habitants du Village forment avec leurs doigts pour saluer. Ce qui veut dire que le prisonnier a un statut bien à part dans le Village, un statut de dominant (plusieurs numéros 2 diront de lui qu'"*il n'a rien d'humain*"). Ainsi, dans le dixième épisode, lors de l'affrontement entre le numéro 6 et le numéro 2, alors que ce dernier menace le précédent, le téléphone sonne et le numéro 2 se retrouve alors en position de dominé (on a dit que le numéro 1 apparaîtra finalement comme le frère jumeau du numéro 6, comme le numéro 6 lui-même en fait).

Mais tout se passe comme si le prisonnier refusait systématiquement d'accepter sa charge. On le ressent dans le neuvième épisode, lorsqu'il hésite à partir, sans emmener les autres prisonniers avec lesquels il a préparé sa fuite, ou bien dans le deuxième épisode, lorsqu'il reconnaît explicitement, face au numéro 2, son asocialité. Dans le neuvième épisode, la partie d'échecs, inspirée de Lewis Carroll, révèle merveilleusement le problème du rapport du prisonnier à la société. Alors que les échecs sont un jeu solitaire (on y joue à deux, et chacun pour soi), là il s'agit d'une partie où quasiment tout le Village participe. Et de plus, la partie (où la couleur des pièces ne permet pas de les définir) recrée la structure interne du Village dans le rapport gardiens/prisonniers (comme le dit un prisonnier, c'est par l'attitude et la position des pièces que l'on sait si elles sont pour ou contre soi). Ainsi, à la fin de l'épisode, les fugitifs reprendront-ils, sur ordre du numéro 2, leur place de pions sur l'échiquier, qui apparaît alors vraiment comme le symbole évident de la société[30].

Le septième épisode pose précisément la question du

déclassement social. Le prisonnier, revenu à Londres (à ce propos il faut noter qu'il se cache en apercevant des bobbies, ce qui illustre bien le fait que l'Angleterre apparaît systématiquement et implicitement comme le lieu de son emprisonnement[31]), trouve sa maison occupée par une femme, qui se révèlera être du Village. Ce qui est intéressant, c'est que lorsqu'il reviendra à nouveau chez lui, dans le dix-septième épisode, c'est le nain du Village qui se mettra à son service[32] (d'où le lien possible à *Autour de ma chambre*, comme on l'a dit), et *personne* ne sera plus dans son appartement londonien. Ce qui veut dire, en d'autres termes, que la victoire du prisonnier au Village semble avoir fait miraculeusement se volatiliser tous les espions du Village qui se trouvaient *hors* de celui-ci, un peu comme l'intervention des saints dans l'*Ars moriendi* fait disparaître les démons. Mais, plus significatif encore, alors que le Village se situe en principe sur la côte nord-africaine, le prisonnier rentre à Londres en camion, là encore il s'agit d'un symbole phallique. Mais ce retour en camion suppose néanmoins que la distance entre le Village et Londres se soit singulièrement rétrécie.

A la fin du huitième épisode, le numéro 2, qui est une femme d'un certain âge, dit au prisonnier qu'il n'a plus rien à craindre car, lui dit-elle, il est socialement mort. N'oublions pas que c'est un croque-mort qui, dans le premier épisode, amène le démissionnaire au Village, symbole de mort sociale. Cette même mort est approchée dans le douzième épisode, où le prisonnier va devoir subir une sorte de mort au monde (comme dans le seizième d'ailleurs). On voit que l'aspect religieux n'est jamais totalement exempt de la série.

Il faut noter aussi que dans le septième épisode, les autorités du Village laissent partir le prisonnier, car son retour est inéluctable. C'est ainsi que dans de nombreux épisodes, il est sur le point de s'évader (comme à la fin du cinquième), ou bien se retrouve hors du Village (comme dans les deuxième, troisième, ou treizième), mais finit toujours par y revenir.

Le problème du numéro 6 est donc sa propre volonté, sa phobie sociale, qui l'amènent à un déclassement plus ou moins volontaire, mais qu'il finit par subir plus que par diriger. Ainsi, le titre du treizième épisode, "*L'impossible pardon*"[33], pour abscons qu'il soit, ne s'explique que parce qu'il traite du double. En effet, le thème du double, endémique, sert ici de support à l'optique psychanalytique de l'oeuvre.

c) La psychanalyse

Revenant sur l'image du croque-mort et de son acolyte le nain majordome - mais on pourrait aussi citer, dans le même ordre d'idée, le numéro 2 -, on notera que la série *Chapeau Melon et Bottes de Cuir* avait popularisé ce type de personnages qui, représentants des inamovibles institutions mais hors de leur fonction sociale utile, voire en prenant le contre-pied, devenaient inquiétants, mettant tout à la fois en exergue le système et en faisant saillir les éléments déterminants. Cependant les nurses ou facteurs, tels ceux d'"*A vos souhaits*", n'avaient un rôle récurrent qu'au sein d'un même épisode; ainsi, là où *Chapeau Melon et Bottes de Cuir* recense sur le long terme les métiers typiques de l'Angleterre éternelle, montrant par la caricature bon enfant leur unité - leur esprit de classe étant toujours présent - au travers de la pluralité de leurs manies bonnes ou mauvaises, *Le Prisonnier* propose une vision psychanalytique (individualiste, qu'incarne le héros) synoptique, dans laquelle les mêmes personnages répétant à l'infini des gestes stéréotypés (le croque-mort n'apparaît que dans le générique des débuts d'épisode), marquent tout le poids de la charge sociale sur les individus, exprimant ainsi leur enfermement dans le cadre normatif global.

En effet, le troisième thème de la série est la psychanalyse. On la retrouve de manière évidente dans les deux derniers épisodes (qui n'en forment en fait qu'un long, c'est pourquoi au début du dernier le précédent est résumé). On a déjà insisté aussi sur l'aspect médical (et *surtout* psychanalytique, comme dans les troisième et douzième épisodes par exemple) du traitement infligé au prisonnier. Plusieurs numéros 2 sont visiblement paranoïaques ou schizophrènes (ce qui n'a pas seulement pour but de ridiculiser l'image du pouvoir en général, mais bien d'insister sur le thème psychanalytique récurrent). Le thème du double revient lui-même plusieurs fois.

Dans le neuvième épisode, il s'associe au problème de reconnaissance des gardiens. Comme les pièces d'échecs, ils ne sont pas reconnaissables parce qu'il n'y a pas de division stricte entre "*les blancs et les noirs*". Or, l'opposition blanc/noir met implicitement en jeu les notions de Bien et de Mal, d'altérité (de double), et de manichéisme. Ces notions seront reprises dans le dernier épisode (rappelons que le numéro 1 y porte un masque blanc et noir de comédie).

Deux autres éléments psychanalytiques interviennent encore dans la série. Comme on l'a dit, le fait que les personnages du Village, par leur aspect fantasmagorique, semblent toujours être des illusions nées de l'imagination même du prisonnier (notamment dans les épisodes 8, 14 et 15). Et aussi la figure féminine, qui s'associe dans les troisième, septième et huitième épisodes à une image maternelle et castratrice (qui prend respectivement l'allure d'une rombière donnant une réception, de la femme qui occupe indûment son appartement, et d'un numéro 2); et ce n'est certainement pas un hasard si la série se passe en bord de mer. (On pourrait en outre ajouter à ce trio la femme du professeur - castratrice malgré elle -, dans le sixième épisode.) Le rapport à la femme est en effet toujours ambigu. La fiancée du prisonnier est une gentille bourgeoise idiote[34]; les femmes qui le côtoient au Village sont toujours des traîtresses, voire des numéros 2. Quoiqu'il en soit, volontairement ou non, elles sont infailliblement cause de sa perte (par bêtise ou méchanceté, suivant les cas).

VI - La question de la connaissance

Nous serions tentés de citer la définition que Jean Chevalier et Alain Gheerbrant (1988) donnent de la femme-mère:

"*Dans l'analyse moderne, le symbole de la mère assume la valeur d'un archétype. La mère est la première forme que prend pour l'individu l'expérience de l'anima, c'est-à-dire de l'inconscient. Celui-ci présente deux aspects, l'un constructeur, l'autre destructeur. Il est destructeur en tant qu'il est la source de tous les instincts... la totalité de tous les archétypes... le résidu de tout ce que les hommes ont vécu depuis les plus lointains commencements, le lieu de l'expérience supra-individuelle. Mais il a besoin de la conscience pour se réaliser, car il n'existe qu'en relation avec elle: ce qui distingue l'homme de l'animal. De ce dernier, on dira qu'il a des instincts, non pas un inconscient. C'est précisément dans cette relation que peut s'installer et sévir le pouvoir de l'inconscient. A cause de la supériorité relative, qui lui vient de sa nature impersonnelle et de sa qualité de source, il peut se tourner contre le conscient issu de lui et le détruire; son rôle est alors celui d'une mère dévoratrice, indifférente à l'individu, absorbée uniquement par le cycle aveugle de la création./ C'est du côté de l'enfant que l'on peut ainsi trouver une image déformée de la mère et une attitude involutive sous la forme d'une fixation à la mère. Dans ce cas, la mère continue à exercer une fascination inconsciente, (qui) menace de paralyser le développement du moi... La mère personnelle recouvre l'archétype de la mère, symbole de l'inconscient, c'est-à-dire du non-moi. Ce non-moi est ressenti comme étant hostile, en raison de la crainte qu'inspire la mère et de la domination inconsciente qu'elle exerce."*[35]

Il est donc clair que dans la série, la figure féminine, et par extension maternelle (de la fiancée ou de la dominatrice), acquiert un statut bien particulier. Celui du "*non-moi hostile*", qui prend son sens par rapport à la bataille du conscient avec l'inconscience. Ainsi, outre que cette impossibilité d'aimer *représente* la difficulté du rapport à l'Autre, c'est en fait le problème de la connaissance qui est ainsi symboliquement posé.

Ce problème est la trame directrice de toute l'oeuvre. Premièrement en ce qui concerne la volonté inaltérable des numéros 2 de connaître les raisons de la démission du numéro 6, bien qu'il s'agisse d'un secret de polichinelle, puisqu'il est évident que c'est pour une raison morale, et surtout pour partir en vacances, comme l'attestent les prospectus que l'on voit dans le générique et à la fin du troisième épisode. Mais justement, la question de la moralité vient se greffer sur celle de la connaissance. Connaissance des gardiens (épisode 9), connaissance du lieu où est situé le Village (épisode 7), etc. Cette moralité se confond d'ailleurs avec la recherche de la liberté, qui grossièrement symbolise le droit à la différence.

Dans les épisodes 6 et 15, le problème de la connaissance, en ce qu'il peut avoir de manichéen, de moral donc, et d'une certaine façon de religieux, apparaît plus clairement.

Dans le quinzième, le prisonnier, retransformé en espion, avec des habits du style de ceux de John Drake, et dans une histoire à mi-chemin entre les *Agents très spéciaux* (1964), *Chapeau melon et bottes de cuir*, et *Mission: Impossible* (1966), s'embarque dans une course-poursuite après une femme habillée alternativement en blanc et en noir (on retrouve là le thème manichéen du double). Cette femme, c'est la Mort, et son père la Folie, symbolisé, comme il est de coutume en Angleterre, par Napoléon. Mais en fait, tous deux forment un trio avec le prisonnier. En effet, la Mort emploie des engins guerriers pour tuer ses victimes, et le prisonnier, dans son rôle d'espion, est en quelque sorte le messager étatique de la mort. La Mort lui avoue ainsi à plusieurs reprises qu'elle l'aime. Le lien entre le prisonnier, la Mort et la Folie est donc la Guerre. Mais, pour découvrir derrière la Mort, son père, le prisonnier va devoir se promener dans une fête foraine - image des plaisirs collectifs, et donc du collectif en lui-même -, traverser le fleuve de l'Amour (et non de la Mort), comme il est nommé, ce fleuve étant truffé de masques comme ceux du dix-septième épisode, et finalement arriver à un Village semblable à celui où il se rend pour découvrir le numéro 2 dans le troisième épisode de la série, et entrer dans la caverne, puis dans la fusée, qui sont les lieux où se situera l'action du dix-septième épisode. La fin nous apprend que l'épisode est la mise en images d'un conte que le prisonnier raconte à quelques enfants du "vrai" Village du numéro 6. Ainsi est-il insisté sur la valeur exemplaire et morale de ce conte pour enfants. Le Village du conte est bien sûr une allégorie de celui du numéro 6, et le père de la Mort et la Mort sont respectivement le numéro 2 et l'une de ses acolytes (ce qui renvoie à la fois à un jeu de rôle et au quatorzième épisode).

Plus significatif, la dernière page du livre d'images que le prisonnier referme avant de s'en aller laisse voir la mort d'une baleine. On ne peut s'empêcher de penser à *Moby Dick*. Or, la baleine "*recèle toujours la polyvalence de l'inconnu et de l'intérieur invisible*"[36], symbole du monde visible, elle est aussi celui de la renaissance et de la connaissance. Et son symbolisme s'associe à celui du masque[37] (masques que l'on voit au début de l'épisode, à la fête foraine, elle-même symbole de la vie humaine dans ses débordements). Et, à l'ultime fin, le prisonnier dit "*bonne nuit à tous les enfants, où qu'ils soient*". On retrouve là la problématique du rapport mère-enfant, et celle de la renaissance, car lorsque le prisonnier fait référence à tous ces enfants, il parle évidemment avant tout de la pureté perdue, et de la sienne autant que de celle du numéro 2, qui le guette depuis la salle de contrôle. Et c'est ainsi qu'au bout du cycle symbolique de trois épisodes (15, 16, 17)[38], le cadre du quinzième va être repris dans le dix-septième épisode[39].

De plus, la fusée, qui s'envolera, symbole d'éjaculation céleste[40] - de retour à l'animé en quelque sorte -, dans le dix-septième épisode, est exactement la même que celle qui devait détruire Londres dans le quinzième. C'est-à-dire que l'image de destruction, liée à celle de renaissance, se retrouve bien, associée au thème du retour intra-utérin et de la reconstruction de l'ego psychanalytique du seizième épisode.

Mais cette reconstruction éjaculatrice, phallique et destructrice (voir la phrase du prisonnier dans le sixième épisode, lorsqu'il parle d'"*une création à partir d'une destruction*"), est d'évidence liée au thème sous-jacent de la connaissance. En effet, le prisonnier n'est-il pas déguisé dans le quinzième épisode en Sherlock Holmes?

Le rapport au Moi est évident aussi, si l'on pense que dans le huitième épisode, le déguisement du prisonnier est son habit de ville, comme lors de son procès de libération du dix-septième épisode. Le rapport Moi-Autre est ainsi mis en place, dédoublé par la présence de l'assemblée masquée (avec les masques blancs et noirs de comédie déjà rencontrés), dans un décor proche de celui de la Chambre des Lords.

Le problème de la connaissance, qui aboutit à la re-connaissance[41] de son ego par le prisonnier lors de la phase finale du dix-septième épisode (on peut aussi penser à la mitraille qui a lieu au son de *All you need is love*, référence implicite à la modernité, à l'anti-conformisme, à l'absurdité des rapports humains, et aussi et surtout cri déchirant de l'ego), est on ne peut mieux mis en place dans le sixième épisode (le quinzième étant, d'une certaine façon, moins explicite, ou plus allégorique, puisqu'il reprend les thèmes du sixième). Dans cet épisode, la dialectique de la connaissance évolue sous forme de syllogisme. D'abord, la connaissance rudimentaire, stéréotypée, des dates et événements, qui est donnée en pâture aux élèves du Village, par le professeur et sa machine, le Général[42]. Ensuite, l'affrontement du prisonnier et de la femme du professeur, alors qu'ils sont assez proches. Elle lui montre en effet les mérites du pourquoi, de l'interprétation, à travers l'exemple des poses prises par les différents figurants présents lors de la scène, et en se basant sur le thème de l'anecdotisme boschien étudié par Charles de Tolnay (l'aboutissement en est la référence finale à l'*Acedia*, comme on l'a dit). (Dans le lieu où se passe la scène, un atelier d'art, la référence à Bosch s'impose.) Mais la femme du professeur représente à la fois la donnée artistique, subjective, sentimentale, et donc d'une certaine manière elle-même stéréotypée, et le savoir scolastique, d'une part comme égérie de son mari, et d'autre part par son discours même, qui reste anecdotique, et non pas vraiment *moral*. D'ailleurs le dialogue entre le prisonnier et la femme est assez clair: Elle: "*Mon mari est professeur, et il enseigne.*" Lui: "*Je vois... Et vous, vous êtes une artiste!*". La double formation de la femme est ainsi mise à jour.

L'ultime phase du syllogisme se situe lorsque le numéro 8 demande au 6 ce qu'a été le Traité d'Andrinople, et que le prisonnier lui en donne la date. Le numéro 12 lui répond alors: "*Je ne vous ai pas demandé la date. Il vous faut des cours particuliers...*". C'est ainsi que le problème de la connaissance apparaît comme celui de l'individualité (ce que prône d'une certaine façon la femme du professeur) - donc de la re-connaissance (on va y revenir) -, et du pouvoir de compréhension;

en d'autres termes, l'intelligence n'est pas la connaissance mais le pouvoir de *comprendre*.

Le schème religieux de la connaissance se ressent vraiment dans le sixième épisode, par la question que le prisonnier pose au Général, ce qui le détruit; cette question, c'est "*what*", c'est-à-dire "*quoi*", ou "*pourquoi*"[43]. L'ambiguïté se situe donc au niveau de la terminologie, questionnant à la fois sur l'Etre et sur la cause.

A la fin du douzième épisode, le prisonnier fait le discours suivant: "*Vous pouvez encore retrouver le droit d'être un individu! Le droit à la vérité, le droit de penser librement!...*". Ici aussi, la liberté physique et morale est donc associée à la notion de connaissance. D'ailleurs, la question des révélations que chaque prisonnier doit ou a dû faire le confirme. Dans cet épisode, le journal du Village montre une photo du prisonnier où il a l'air renfrogné, associal, juste après qu'on ait vu la photo électorale du numéro 2 pointant son doigt et affirmant "*votre communauté a besoin de vous*". Donc, ce qui est bien pour la société est mauvais pour l'individu, et vice-versa.

VII - Conclusion en forme de paradoxe

La connaissance est donc finalement dissociée de toute *culpa* sociale (ce qui n'est le cas ni dans la *Bible* ni dans la théologie chrétienne, qu'il s'agisse de Thomas a Kempis ou bien de Pascal), et le message final du *Prisonnier* est moral. Le prisonnier, se retrouvant face à lui-même, nous dit que le mal dont souffre le prisonnier est de se refermer sur lui-même. C'est pourquoi McGoohan, dans l'interview qu'il accorda le 18 Septembre 1989 à Alain Carrazé et Hélène Oswald, définit "*le Village*" comme "*notre prison personnelle*"[44]. Et bien sûr, le retour à Londres de la fin, spectaculaire et caricatural, est illusoire. D'abord parce que la fameuse fusée du quinzième épisode s'est envolée avant le retour à Londres du prisonnier, ensuite parce que son retour se fait en camion, comme on l'a dit. Et surtout parce que Londres, si elle apparaît comme le lieu de la délivrance finale, est aussi celui de l'emprisonnement social du prisonnier. En fait, de retour à Londres, il a acquis l'oubli de "*L'impossible pardon*". Il a finalement compris que "*L'Enfer c'est les autres*", mais s'y soumet, bardé à nouveau de ses symboles phalliques, alors que la vie semble ne pas avoir tenu compte de l'intermède du Village, qui apparaît donc *réellement* comme un songe (on l'a dit, le numéro 2 va même reprendre sa place au Parlement!). Ainsi, de la même façon que le numéro 8 du quatorzième épisode est totalement absout dans le dix-septième, le numéro 6 y résout la problématique de l'Etre et de l'Avoir (mise en place dans le quatorzième justement, lorsque le numéro 8 veut garder prisonnière le numéro 20, c'est-à-dire lorsqu'il veut posséder son Etre, et en faire son bien), mais de manière alternative, c'est-à-dire par force plus que par volonté. La renaissance du prisonnier est en effet celle de l'acceptation, de l'oubli, du "possible pardon", de la connaissance de son "*anima*" (certes on reconnaît son individualisme, d'ailleurs déjà explicitement reconnu dans le douzième épisode, mais lorsqu'il tente de s'exprimer, il rencontre un mur encore plus important qu'avant, car avant il parlait, mais là, il ne peut plus parler, puisque les applaudissements empêchent d'entendre ce qu'il dit).

Ainsi donc, en posant le problème du rapport de l'homme à la société[45], *Le Prisonnier* nous met perpétuellement face au dilemme de *Huit-clos* (1944), "*L'Enfer c'est les autres*", mais ce sont eux (ou plutôt leur regard[46]) qui m'offrent ou non la reconnaissance que j'en attends[47].

McGOOHAN ET CHESTERTON:
ORIGINE ET SENS DU DERNIER ÉPISODE
DU *PRISONNIER*

"Si un marinero es mar,
Rubio mar amoroso cuya presencia es cántico,
No quiero la ciudad hecha de sueños grises"

(Luis Cernuda, *"Los marineros son las alas del amor"*)

Dans l'article antérieur[1], nous avons eu l'occasion de proposer une interprétation de la série *Le Prisonnier* et de son final, en les comparant entre autres à l'adaptation cinématographique du *Procès* de Kafka par Orson Welles. Dans une oeuvre comme celle de Patrick McGoohan où aussi bien le choix de multiples scénaristes que l'utilisation du non sens comme moyen pour choquer le spectateur mettent en évidence l'importance du subconscient dans une perspective surréaliste de réalisation, il est difficile pour l'exégète de mettre en place un convainquant et exhaustif réseau d'influences possibles, directes ou indirectes, conscientes ou inconscientes. Là où le recours à l'aléatoire d'une mythologie personnelle accentue le caractère individualiste de l'oeuvre, se crée par contrecoup une polysémie qui, volontaire, à la fois questionne le spectateur tout en brouillant ses niveaux de lecture.

Ainsi par exemple, on notera que le thème musical générique du *Prisonnier* par Ron Grainer semble s'inspirer de celui de *Charade* de 1963 par Henry Mancini. De même, au complexe réseau de références de notre article précédent sur *Le Prisonnier* ajouterons-nous l'identité symbolique du village comme lieu de rencontre de l'être avec lui-même dans l'oeuvre de McGoohan et *Juliette ou La Clef des Songes* de 1950 de Marcel Carné ou *Brigadoon* de 1954 de Minnelli, bien que dans *Juliette* et

Brigadoon cette rencontre s'oriente, comme de façon plus diffuse dans *Les visiteurs du soir*, également de Carné, dans le sens classique de la recherche de la femme en tant qu'image de dieu, en une perspective d'union mystique typique de la littérature de la fin du Moyen Age et de la Renaissance.

Pourtant, il nous semble possible de supposer une étroite correspondance entre les oeuvres de McGoohan et de Chesterton, réduisant ainsi encore le champ de possibles interprétations arbitraires, tout en permettant la confirmation des thèses développées dans mon article antérieur. Plus que tout, la valeur du présent essai réside dans le fait que le relation entre Chesterton et McGoohan est restée jusqu'à ce jour inaperçue croyons-nous.

Fameux pour le cycle des aventures du Père Brown, Chesterton, un classique de la littérature anglaise contemporaine, est également l'auteur de plusieurs biographies entre lesquelles nous relèverons particulièrement celles de Saint Thomas d'Aquin et de Saint François d'Assise. L'ambiance mystique dans laquelle s'éduque McGoohan permet de supposer une influence directe sur lui de l'oeuvre populaire de Chesterton. Toutes les aventures du Père Brown sont baignées d'une aura d'épais symbolisme religieux.

De toute la production, par ailleurs abondante, de Chesterton, c'est à l'étude de *The Man who was Thursday* (1908) que nous nous attacherons. Bien que policier, ce roman ne fait pas partie du cycle des aventures du Père Brown (qui ne comprend par ailleurs que des nouvelles), mais narre les péripéties de six détectives qui tentent d'empêcher une criminelle organisation nihiliste de détruire le monde tel que nous le connaissons. Probablement Agatha Christie s'est-elle inspirée de *The Man who was Thursday* pour écrire *Le Mystère des Sept Cadrans* (sur une société secrète justicière contre le crime organisé). La poursuite finale de *The*

Man who was Thursday, qui dans le style baroque propre de Chesterton, trouve un parallèle dans *Les Sept Pendus* de Leonid Andréev, révèle l'identité entre les six détectives et les six chefs de l'organisation, dont ce sont en réalité la foi et le libre arbitre que le chef des deux organisations, qui n'est autre que Dieu lui-même, a mis à l'épreuve. Cette révélation a lieu dans le palais céleste où, vêtu chacun avec les attributs zodiacaux du jour de la semaine qu'il représente (évidente référence théosophique[2] au mithriacisme), les six héros voient tomber le masque du septième convive.

Si la référence à cet épisode est donc sans problème dans *Le Prisonnier*, encore reste-t-il à en comprendre le sens.

Dans la section "*Hablemos de Cine*"[3], nous avons eu plusieurs fois l'opportunité d'expliquer comment le héros chrétien classique qui jusque là se présentait sous le basique aspect manichéen du vainqueur des monstrueuses forces du Mal, aux XIXème et XXème siècles commence à s'identifier à ces dernières de façon systématique. C'est par exemple le cas chez Lautréamont, Maeterlinck, Leroux, Kafka, Lovecraft, ou dans les films *Angel Heart* et *L'avocat du Diable* (1998). L'explication en est sociologique. Au XIXème siècle, la classe bourgeoise souffre souvent d'aspirations militaires, politiques et artistiques frustrées[4]. La Révolution n'a pas offert ce qu'elle promettait. C'est pourquoi souvent la littérature de l'époque (Gogol, Dostoïevsky, Balzac, Kafka) nous conte complaisamment les mésaventures de personnages issus de la classe moyenne, qui en général sont de médiocres employés d'administration: ce sont les "*Ronds-de-Cuir*" de Labiche et, selon la terminologie de Marx, les "*déclassés*".

Dans ce contexte, il est significatif qu'au discours théologique libéral de Chesterton dans *The Man who was Thursday* (qui critique le socialisme anarcho-syndicaliste en le rapprochant implicitement des théories de Schopenhauer dont l'influence est en effet évidente dans son processus de formation), roman où c'est Dieu lui-même qui quitte le masque et se découvre ainsi aux héros de la Foi chrétienne, se substitue chez McGoohan l'autodécouverte du héros par lui-même comme étant son propre ennemi, thème du double qu'abordent plusieurs épisodes antérieurs de la série.

C'est donc en Chesterton qu'il faut chercher l'origine du dernier épisode du *Prisonnier*. De fait, Chesterton est un auteur suffisamment représentatif pour avoir directement influencé non seulement Christie et McGoohan, mais aussi Jorge Luis Borges[5], et la ré-interprétation du message théologique de Chesterton par McGoohan se comprend en référence: premièrement, au problème ontologique[6], fondamental dans la série; deuxièmement, à la préoccupation doctrinale et charismatique de McGoohan dans sa vie (il voulut être pasteur) et dans la série (comme nous le notions déjà au début de mon précédent travail); troisièmement, ce qui est plus important, à la critique sociale, propre de la position individualiste du *Prisonnier*.

Ainsi l'individu, à ne pas avoir été libéré par les changements politiques des deux derniers siècles et devoir continuer de servir l'Etat au lieu que, comme le promettaient les intellectuels de la Révolution, ce soit l'Etat qui serve l'individu, se trouve de nouveau pris dans un cercle vicieux où il a acquis la parole, mais pas le pouvoir, ce que contemporainement à l'oeuvre de McGoohan les philosophes, aussi bien ceux de l'absurde que Sartre ou le mexicain Leopoldo Zea, notaient de manière récurrente dans le sens d'une critique au système. Comme l'artiste maudit des romantiques, les héros du *Prisonnier* et de *Angel Heart* s'identifient au Mal, mais au sens baudelairien du terme: la maladie, le mal de vivre, le mal-être social. Il est intéressant de noter que dans les deux cas, en effet, la maladie est psychique: schizophrénie dans le premier cas, amnésie dans l'autre (comme dans *Le voyageur sans bagages* de Anouilh). La schizophrénie[7] est ce qui permet au Prisonnier de se sentir impliqué envers les autres tout en critiquant leur grégarisme. On pourrait dire, en citant un aphorisme de Léo Ferré, que "*Le désespoir est la forme supérieure de la conscience*".

C'est ainsi qu'à partir d'une relecture de Chesterton, McGoohan développe à son tour un discours ontologique[8] de critique sociale, mais ici non plus libéral et de l'Etre, sinon social et de l'*étant*. La même opposition se rencontre déjà entre les thèses de Leibniz, pour qui le monde choisi par Dieu ne peut être modifié car il n'y en a pas de meilleur (voir le thème du mauvais prolétaire qui donne foi à la propagande gauchiste dans *The Man who was Thursday*, crucial en ce que l'explication du policier va faire passer le narrateur de l'état de voleur à celui d'allié de la Loi), et celles de Voltaire dans *Candide*. Le débat est encore au centre de la conception dialectique: pour Hegel, qui reprend ici d'une certaine façon la position de Descartes et Berkeley, il s'agit du trajet cyclique de l'Esprit en soi vers lui-même, cause dans le domaine social de la conception a-critique de Hegel pour qui tout s'oriente *a priori* vers la construction de la société comme elle est; pour Marx, Engels et Lénine au contraire il s'agit du progrès par étapes de l'esprit humain[9], ce qui implique la possibilité du changement. La pensée cartésienne d'Asimov[10] l'amène[11] à identifier les robots à Dieu et justifier ainsi à la manière libérale l'inégalité sociale et le chômage en les considérant voulus par Dieu, ce qui en soi serait donc juste mais incompréhensible pour l'entendement humain.

Autant Asimov que McGoohan, comme on le voit clairement dans plusieurs épisodes du *Prisonnier*, sont préoccupés par le problème central de l'époque: les limites et les dangers de l'informatique. On note dans *Le Prisonnier* (par exemple dans l'épisode du Général, qui probablement s'inspira du cerveau électronique d'*Alphaville* de Godard, film qui reçut l'Ours d'Or au Festival de Berlin de 1965) l'habituelle "*peur ingénue*" (selon le terme d'Asimov) envers la machine, peur que l'on retrouve aussi bien au début du siècle envers la Fée Electricité, que dans l'implicite discours antiscientifique de films récents comme *Contact* ou *Event Horizon*. Mais c'est le problème de la relation de l'homme à la société, plus que le "*complexe de Frankenstein*" (Asimov), qui est au centre de l'oeuvre de McGoohan. Non seulement le numéro 6 n'est jamais trahi que par ses anciens collègues, mais encore, dans le dernier épisode, le numéro 2 ressuscité se révèle être un membre du Parlement britannique.

De tradition moderne, tant du point de vue philosophique que littéraire, et, évidemment, social, le problème de la relation de l'individu à la société, qui resurgit dans l'oeuvre d'Asimov (contemporaine du *Prisonnier*), est d'autant plus important qu'il débouche aujourd'hui, dans la lignée de la pensée d'Asimov justement, mais aussi de la philosophie libérale de Leibniz à Fukuyama, sur la justification de l'état de fait dans lequel nous vivons à travers de la dangereuse thèse néo-hégélienne (fausse, bien sûr, au niveau épistémologique) de la fin de l'histoire...

INTERTEXTUALITÉS
DU *PRISONNIER* DE PATRICK MCGOOHAN

1. La situation absurde pour le prisonnier lorsqu'il se retrouve dans le Village provient de la longue tradition du *nonsense* anglais issue de la littérature du XIXème siècle[130].

2. Similairement, le jeune dandy du dernier épisode, qui s'échappera du Village avec le No 6 provient d'une longue tradition; on en trouve, ainsi, un modèle, également áffublé d'un inapproprié chapeau élégant, entre les membres débraillés de la bande de *Jamaica Inn* (1939, Alfred Hitchcock).

3. Ainsi, aussi bien le croque-mort initial, qui enlève le futur No 6 en l'endormant au travers de la serrure de son appartement londonien, que l'épisode 15 "*The Girl Who Was Death*" (qui, notons-le, introduit le diptyque des deux épisodes finaux), notamment par le match de cricket mortifère sur lequel il commence[131], sont très lewiscarrolliens.

4. La situation de songe (le futur No 6 est endormi pour être enlevé vers le Village; la mort qui n'en est pas une du No 2 dans le dernier épisode) rappelle celle de *North by Northwest* (1959[132]), révélée par Alfred Hitchcock lui-même dans "*Hichcock s'explique*" (1965) d'André S. Labarthe[133], thème du songe déjà au centre de *Spellbound* (*La Maison du docteur Edwardes*, 1945[134]), et que l'on retrouvera dans *Total Recall* (1990, Paul Verhoeven[135]).

5. Dans le sens de cette situation absurde et de *nonsense* du monde du Village, on relèvera que le No 6 semble être une

sorte d'indice de l'introspection implicite du personnage principal que nous narre toute la série[136], puisque, curieusement, si l'on comptabilise le nombre de lettres dans le mot "*Number*", on en trouve six, le "*Numéro 6*" surdéterminant ainsi ce que le personnage principal refuse d'être, à savoir numéroté (15'25-15'31" du premier épisode), par le fait qu'il devient ainsi d'autant plus anonyme que le chiffre qui lui est attribué - au-delà de la symbolique, importante, certes, qu'il recouvre, dans la tradition[137] -, est moins un numéro réel de référencement qu'au contraire le nombre de lettres du mot "*Numéro*", le rejetant ainsi dans une double indéfinition: on ignorera tout sauf son prénom (il s'agit de Joe), que nous livre le No 2 lorsqu'il téléphone (9'29") au récemment arrivé No 6 pour l'inviter à le visiter dans le premier épisode, avec sa date de naissance ("*4:21am 19th of March 1928*": 15'00", ce qui est la date réelle de naissance de Patrick McGoohan[138]), et, en outre de cette ignorance, le numéro qui lui est attribué ne le représente pas non plus, mais n'est que la comptabilisation du nombre de lettres du mot "*Number*". Peut-être faut-il voir un jeu similaire dans le "*Be seeing you*" si on lui ajoute un point d'exclamation, l'ensemble comptabilisant douze (soit deux fois six) lettres. De fait, dans le même sens, le chiffre "*Six*" n'a que trois lettres, soit la moitié, en lettres, de ce qu'il représente numériquement, et, en sus, aussi, du nombre de lettres du mot "*Number*".

6. De fait, le thème du double, central dans la série, puisque le dernier épisode dédouble le No 6 en No 1 également, et que l'épisode 7 "*The Schizoid Man*" (on notera, à notre

tour, doublement, ici, le fort symbolisme traditionnel du chiffre sept, en outre de sa symbolique très particulière dans le cadre que nous évoquons, puisqu'il correspond à six plus un) le prisonnier est confronté à son double, thème commun des séries de l'époque (on le trouve ainsi, par exemple, dans les épisodes "*Two's A Crowd*" du 18 Décembre 1965 de la saison 4[139] avec le personnage de Mrs Emma Peel et 13 "*They Keep Killing Steed*" du 18 Décembre 1968 de la saison 6[140] avec le personnage de Tara King de *Chapeau melon et bottes de cuir*, ou dans l'épisode 4 "*Greensleeves*" du 8 Octobre 1971[141] d'*Amicalement Vôtre*).

7. De fait, *Chapeau melon et bottes de cuir*, série spécialisée dans la parodie d'autres oeuvres (*Batman*[142] dans l'épisode 6 "*The Winged Avenger*" du 18 Février 1967 de la saison 5[143] avec Mrs Peel; *The Lady Vanishes*, 1938, de Hitchcock[144] dans l'épisode 13 "*A Funny Thing Happened on the Way to the Station*" de la saison 5[145]; *The Maltese Falcon*, 1941, de John Huston[146] dans l'épisode 9 "*Legacy of Death*" du 20 Novembre 1968, de la saison 6 avec Tara King[147]; *High Noon*, 1952, de Fred Zinnemann[148] dans le suivant épisode 10 "*Noon Doomsday*" du 27 Novembre 1968, toujours de la même saison 6[149]), mais aussi dans la reprise, d'une saison à l'autre, de ses propres thèmes (comme, dans les saisons avec Mrs Peel, les cybernautes des épisodes 3 "*The Cybernauts*" du 16 Octobre 1965 de la saison 4[150], 17 "*Return of the Cybernauts*" du 30 Septembre 1967 de la saison 5[151], repris dans l'épisode 3 "*The Last of the Cybernauts?*" du 5 Novembre 1976 de la saison 1[152] de *The New Avengers*; ou le thème de la ville

sans habitants de l'épisode 1 "*The Hour That Never Was*" du 2 Octobre 1965 de la saison 4[153], où apparaît pour la première fois le personnage de Mrs Peel, l'épisode 18 "*The Morning After*" du 29 Janvier 1969 de la saison 6[154] avec Tara King, et 12 "*Sleeper*" du 14 January 1977 de la saison 1[155] de *The New Avengers*), *Chapeau melon et bottes de cuir*, disons-nous, en outre d'une parodie du *Prisonnier* dans l'épisode "*Wish You Were Here*" du 12 Février 1969, à nouveau de la saison 6[156], avec l'emprisonnement dans un hôtel (Portmeirion, où a été filmé *Le Prisonnier* étant un village-hôtel[157]), l'apparition d'un ballon et Mother sur une balançoire rappelant celles de la salle de contrôle du *Prisonnier*, l'épisode ayant en outre pour cinéaste Don Chaffey, directeur récurrent de *Chapeau melon et bottes de cuir* (dont il a dirigé cinq épisodes, inclus celui-ci[158]), mais aussi et surtout - pour ce qui nous intéresse ici - du *Prisonnier* dont il a dirigé quatre épisodes[159] (éléments notés par Alain Carrazé dans la présentation télévisée qu'il a fait de l'épisode pour la chaîne Eurochannel), en reprend, pour le dernier épisode 33 "*Bizarre*" du 21 Mai 1969 de la saison 6 avec Tara King[160] (qui marque la fin de la première série, avant sa courte reprise *The New Avengers*, 22 Octobre 1976-17 Décembre 1977[161]), les motifs de la mort symbolique du personnage principal et de la fusée. En effet, là où, dans les deux derniers épisodes du *Prisonnier*, celui-ci s'affronte à une régression psychanalytique qui provoquera la mort du pychanalyste No 2, et un final avec une fusée décollant, symbole phallique faisant pendant à la Lotus Seven du héros en forme de cigare[162], mais aussi et surtout sorte d'ambiguë conclusion où le No 6 retournant à Londres offre une apparente légéreté alors que, paradoxalement, sorte de serpent se mordant la queue à l'infini (comme dans beaucoup de postérieurs films de science-fiction, en commençant par *2001: l'Odyssée de l'espace*, 1968, de Stanley Kubrick[163]), la porte du logement londonien du No 6 s'ouvre comme les portes automatiques du Village, où entre le majordome alors que le No 6 reprend sa voiture, et que l'épisode conclut sur le coup de tonnerre initial de toute la série, qui débute également le générique de chaque épisode[164]. Ceci nous laisse supposer que le No 6 soit continue d'être mort au monde (situation symboliquement mise en scène par le croque-mort qui l'enlève en l'endormant au travers de la serrure - motif, nous l'avons dit, lewiscarrollien - de son appartement), soit rêve sa libération, soit que la mort du No 2 est en fait celle du No 6 (selon le principe d'inversion décrit par Sigmund Freud dans les rêves), qui décolle pour l'espace comme No 1 (les explosions et la guerre armée qui permet au No 6 d'échapper rappelant James Bond, tout en révélant la situation d'excès et d'extrême violence qui accompagne son apparente libération). Là où, disions-nous, dans les deux derniers épisodes du *Prisonnier*, celui-ci s'affronte à une régression psychanalytique qui provoquera la mort du pychanalyste No 2, et un final avec une fusée décollant, dans "*Bizarre*", non seulement John Steed, investigant les morts suspectes d'une série de personnages dans un cimetière, termine prenant une place entre eux, et lorsque se résout finalement l'aventure, il laisse Tara s'en aller, préférant rester avec l'une des attractives danseuses du ventre du complot, faisant dire, contradictoirement si l'on y pense bien, à Tara lorsqu'elle quitte le cimetière sans Steed que celui-ci est en vie mais ne reviendra pas encore. Or, c'est juste après que se tient la scène finale du départ en fusée, fusée selon Steed, répondant à une question de Tara, qu'il a monté tout seul (comme le No 6 se vante d'avoir monté lui-même, pièce par pièce, sa Lotus Seven). Tara, comme le rappelle Linda Thorson, l'actrice qui l'interprète, dans l'entretien qu'elle a accordé à Carrazé et dont celui-ci reproduit le passage dans sa présentation de l'épisode pour Eurochannel, qui a alors un vêtement comme de fiancée, et qui, pour appuyer sur un bouton, met en marche les moteurs de la fusée, Mother promettant qu'ils reviendront, mais s'affolant qu'ils soient sans chaperon là-haut. Cette mort symbolique de Steed, aussitôt suivie de cette espèce de hiérogamie céleste en fusée, rappelant en cela ainsi celle d'Ariane avec Bacchus[165], étant le pendant exact de la mort symbolique (en ce cas psychanalytique) du No 6 suivie de son envol en fusée. Ce motif, évidemment provoqué par la course à la conquête spatiale des années 1960, hautement allégorique chez McGoohan est rabaissé dans *Chapeau melon et bottes de cuir* à un sens purement sexualisé, selon un principe très similaire à celui que nous décrivons entre l'oeuvre d'Auguste Rodin et celle de Paul Éluard et Man Ray dans notre ouvrage sur *Les Mains Libres*.

8. Dans le premier épisode "*Arrival*" (29 Septembre 1967[166]) de la série:

   a. Le *slogan* "*A Still Tongue Makes A Happy Life*", ainsi que l'ensemble des signaux urbains pour indiquer aux habitants du Village comment se comporter, rappellent *1984* (1948) de George Orwell.

b. Les portes coulissantes des appartements du Village, dont celui du No 6, qui le surprend d'ailleurs, et les fauteuils, également extractibles du bureau du No 2, rappellent l'ascenseur de *Star Trek* (8 Septembre 1966-3 Juin 1969[167]).

c. Dans le même sens, les *gadgets* comme la montre ou l'hélicoptère téléguidé rappellent l'univers de James Bond (créé en 1953 par Ian Fleming, et dont le premier film de la longue série date de 1961).

d. Similairement toujours, les photographies d'enfance présentées par le No 2 au No 6, révélatrice du recours à l'idée de permanent espionnage propre des productions audiovisuelles de la Guerre Froide (entre autres de *Destination: Danger* précédemment protagonisée par McGoohan), préfigurent le générique de début d'*Amicalement Vôtre* (17 Septembre 1971-25 Février 1972[168]).

e. Les voix françaises ("*Où désirez-vous aller?*": 5'30" la première conductrice de taxi; 49'53": le No 2 à la fin de l'épisode), indienne (6'43"-6'46": l'épicier parlant à un client avant de se diriger au No 6 qui essaie d'obtenir une carte de la région), allemande (49'56": l'"*Auf Wiedersehen*" du traître Roger à la fin de l'épisode, faisant écho à l'"*au revoir*" en français du No 2), des habitants et dirigeants du Village, en marquant le caractère transnational, vont dans le même sens.

9. L'alternance, tout au long des épisodes, des No 2, notamment entre hommes et femmes, accentue encore cette idée que n'importe qui est partie de la mégastructure du Village, par opposition du super-méchant récurrent de Sherlock Holmes à James Bond ou aux *Mystères de l'Ouest*. Même si cette alternance a, également, pour rôle de donner vie à l'action, autrement assez répétitive des tentatives d'évasion toujours infructueuses (si ce n'est à la fin) du prisonnier.

10. Le Prisonnier (29 Septembre 1967-1er Février 1968[169]) reprend, en l'inversant symétriquement, le principe de plusieurs autres séries télévisées: *Le Fugitif* (17 Septembre 1963-29 Août 1967[170]), *Les Envahisseurs* (10 Janvier 1967-26 Mars 1968[171]), *Kung Fu* (14 Octobre 1972-26 Avril 1975[172]), *L'Incroyable Hulk* (4 Novembre 1977-12 Mai 1982[173]): là où leurs héros fuient tous de ville en ville, le No 6 est sans cesse ramener par les forces occultes du Village à celui-ci, duquel il n'arrive, malgré tous ses efforts et son astuce, jamais à s'échapper.

11. La séquence visuelle, dans le premier épisode "*Arrival*", à nouveau, entre la statue d'Atlas, qui, de fait, retient l'attention du No 6, de l'échange entre celui-ci et le No 2:

"- *They didn't settle for ages. Now they wouldn't leave for the world.*
- *You mean you brought them around of your way of thinking.*
- *They had a choice.*"

Et du ballon, évidemment référé, dans sa toute première apparition dans la série, à la figure du juste antérieur Atlas, est une élégante métaphore de ce statut prométhéen de l'humanité, tel que le définit Albert Camus dans *Le mythe de Sisyphe* (1942):

"*Un degré plus bas et voici l'étrangeté: s'apercevoir que le monde est «épais», entrevoir à quel point une pierre est étrangère, nous est irréductible, avec quelle intensité la nature, un paysage peut nous nier. Au fond de toute beauté git quelque chose d'inhumain et ces collines, la douceur du ciel, ces dessins d'arbres, voici qu'à la minute même, ils perdent le sens illusoire dont nous les revêtions, désormais plus lointains qu'un paradis perdu. L'hostilité primitive du monde, à travers les millénaires, remonte vers nous. Pour une seconde, nous ne le comprenons plus puisque pendant des siècles nous n'avons compris en lui que les figures et les dessins que préalablement nous y mettions, puisque désormais les forces nous manquent pour user de cet artifice. Le monde nous échappe puisqu'il redevient lui-même. Ces décors masqués par l'habitude redeviennent ce qu'ils sont. Ils s'éloignent de nous. De même qu'il est des jours où sous le visage familier d'une femme, on retrouve comme une étrangère celle qu'on avait aimée il y a des mois ou des années, peut-être allons-nous désirer même ce qui nous rend soudain si seuls. Mais le temps n'est pas encore venu. Une seule chose: cette épaisseur et cette étrangeté du monde, c'est l'absurde.*
Les hommes aussi sécrètent de l'inhumain. Dans certaines heures de lucidité, l'aspect mécanique de leurs gestes, leur pantomime privée de sens rend stupide tout ce qui les entoure. Un homme parle au téléphone derrière une cloison vitrée; on ne l'entend pas, mais on voit sa mimique sans portée: on se demande pourquoi il vit. Ce malaise devant l'inhumanité de l'homme même, cette incalculable chute devant l'image de ce que nous sommes, cette «nausée» comme l'appelle un auteur de nos jours, c'est aussi l'absurde."[174]

"*C'est ici qu'on voit à quel point l'expérience absurde s'éloigne du suicide. On peut croire que le suicide suit la révolte. Mais à tort. Car il ne figure pas son aboutissement logique. Il est exactement son contraire, par le consentement qu'il suppose. Le suicide, comme le saut, est l'acceptation à sa limite. Tout est consommé, l'homme rentre dans son histoire essentielle. Son avenir, son seul et terrible avenir, il le discerne et s'y précipite. A sa manière, le suicide résout l'absurde. Il l'entraîne dans la même mort. Mais je sais que pour se maintenir, l'absurde ne peut se résoudre. Il échappe au suicide, dans la mesure où il est en même temps conscience et refus de la mort. Il est, à l'extrême pointe de la dernière pensée du condamné à mort, ce cordon de soulier qu'en dépit de tout il aperçoit à quelques mètres, au bord même de sa chute vertigineuse. Le contraire du suicidé, précisément, c'est le condamné à mort.*

Cette révolte donne son prix à la vie. Etendue sur toute la longueur d'une existence, elle lui restitue sa grandeur. Pour un homme sans œillères, il n'est pas de plus beau spectacle que celui de l'intelligence aux prises avec une réalité qui le dépasse. Le spectacle de l'orgueil humain est inégalable. Toutes les dépréciations n'y feront rien. Cette discipline que l'esprit se dicte à lui-même, cette volonté forgée de toutes pièces, ce face à face, ont quelque chose de puissant et de singulier. Appauvrir cette réalité dont l'inhumanité fait la grandeur de l'homme, c'est du même coup l'appauvrir lui-même. Je comprends alors pourquoi les doctrines qui m'expliquent tout m'affaiblissent en même temps. Elles me déchargent du poids de ma propre vie et il faut bien pourtant que je le porte seul. À ce tournant, je ne puis concevoir qu'une métaphysique sceptique aille s'allier à une morale du renoncement."[175]

"*La divinité dont il s'agit est donc toute terrestre. «J'ai cherché pendant trois ans, dit Kirilov, l'attribut de ma divinité et je l'ai trouvé. L'attribut de ma divinité, c'est l'indépendance.» On aperçoit désormais le sens de la prémisse kirilovienne: «Si Dieu n'existe pas, je suis dieu.» Devenir dieu, c'est seulement être libre sur cette terre, ne pas servir un être immortel. C'est surtout, bien entendu, tirer toutes les conséquences de cette douloureuse indépendance. Si Dieu existe, tout dépend de lui et nous ne pouvons rien contre sa volonté. S'il n'existe pas, tout dépend de nous. Pour Kirilov comme pour Nietzsche, tuer Dieu, c'est devenir dieu soi-même - c'est réaliser dès cette terre la vie éternelle dont parle l'Évangile.*

Mais si ce crime métaphysique suffit à l'accomplissement de l'homme, pourquoi y ajouter le suicide? Pourquoi se tuer, quitter ce monde après avoir conquis la liberté? Cela est contradictoire. Kirilov le sait bien, qui ajoute: «Si tu sens cela, tu es un tzar et loin de te tuer, tu vivras au comble de la gloire.» Mais les hommes ne le savent pas. Ils ne sentent pas «cela». Comme au temps de Prométhée, ils nourrissent en eux les aveugles espoirs. Ils ont besoin qu'on leur montre le chemin et ne peuvent se passer de la prédication. Kirilov doit donc se tuer par amour de l'humanité. Il doit montrer à ses frères une voie royale et difficile sur laquelle il sera le premier. C'est un suicide pédagogique. Kirilov se sacrifie donc. Mais s'il est crucifié, il ne sera pas dupé. Il reste homme-dieu, persuadé d'une mort sans avenir, pénétré de la mélancolie évangélique. «Moi, dit-il, je suis malheureux parce que je suis obligé d'affirmer ma liberté.» Mais lui mort, les hommes enfin éclairés, cette terre se peuplera de tzars et s'illuminera de la gloire humaine. Le coup de pistolet de Kirilov sera le signal de l'ultime révolution. Ainsi ce n'est pas le désespoir qui le pousse à la mort, mais l'amour du prochain pour lui-même. Avant de terminer dans le sang une indicible aventure spirituelle, Kirilov a un mot aussi vieux que la souffrance des hommes: «Tout est bien.»"[176]

12. L'exemple que prend Camus de notre inhumanité dans le premier extrait reproduit ci-dessus:

"Un homme parle au téléphone derrière une cloison vitrée; on ne l'entend pas, mais on voit sa mimique sans portée: on se demande pourquoi il vit."[177]

Ne peut, dans la série du *Prisonnier*, que nous renvoyer au dernier épisode "*Fall Out*" (1er Février 1968[178]), où, essayant vainement de parler, après y avoir été invité par le Président, le No 6 en est systématiquement empêché par l'Assemblée[179]. Ce qui reprend, historiquement, une intéressante série de référents: tout d'abord, dans l'ordre chronologique, Gwynplaine face à la Chambre des Lords, au Chapitre VII "*Les tempêtes d'hommes pires que les tempêtes d'océans*" du Livre VIII "*Le Capitole et son voisinage*" de la "*Deuxième Partie. Par Ordre du Roi*" de *L'Homme Qui Rit* (1869[180]) de Victor Hugo; ensuite, James Stewart face à la foule à la fin de *Meet John Doe* (1941, Frank Capra), lorsque son personnage prétend dénoncer les plans politiques de son mécène, qui l'en empêche en révélant qu'il n'a jamais écrit la lettre de suicide qui l'a rendu célèbre et a accepté de jouer ce rôle en étant payer, révélation qui crée une émeute contre lui (1:47:17-1:48:30[181]); en troisième lieu, rompant l'ordre chronologique (car il ne s'agit plus ici de personnages, mais de conseils), les Stratagèmes VIII "*Fâcher l'adversaire*" et surtout XVIII "*Interrompre et détourner le débat*" de *L'Art d'avoir toujours raison* (*Die Kunst, Recht zu behalten*, rédigé vers 1830-1831 et publié en 1864[182]) d'Arthur Schopenhauer donnent cette méthode de l'interruption opportune de l'adversaire pour le contrecarrer.

13. Cet origine du motif est très importante, non seulement parce qu'elle permet d'en contextualiser historiquement les sources, mais aussi surtout parce qu'elle nous permet, par rebond, de renvoyer, dans l'ordre référentiel, l'iconographie de la pose, penchant en avant, visage vers le spectateur, main s'agitant au premier plan, du générique de début de l'ensemble des épisodes, montrant le futur prisonnier donnant sa démission, en posant bruyamment sa lettre et en frappant du poing sur la table, au point de faire sauter la tasse de thé de son superviseur, dans le bureau londonien souterrain de leur agence. Celle-ci rappelle, de fait, à peu près exactement, celle de Stewart lorsqu'après sa première intervention publique, et sa tentative de fuite, il est repris par l'enthousiasme que crée en lui la création des Clubs John Doe, et que Capra nous le montre (d'abord en photographie: 1:07:44-1:07:45[183], puis gesticulant dans l'attitude classique de l'orateur[184] cherchant à convaincre en marquant son idée par le doigt levé: 1:07:51-1:07:52[185]), sans qu'on entende ce qu'il dit, haranguant de la main la foule, dans une position qui, à son tour, renvoie à celle, doigt en avant[186], donc, non seulement, certes, évidemment, de l'orateur (nous venons de le dire), mais aussi et surtout, pour l'époque du film (en pleine Seconde Guerre Mondiale), de l'affiche "*I Want You for U.S. Army*" (1917) de James Montgomery Flagg,

créé pour la Première Guerre Mondiale[187]. Cette double intertextualité du *Prisonnier* avec *Meet John Doe*, dans le geste du No 6 présentant sa démission dans le générique de la série, puis par le monologue empêché qui la clôt, rebondit sur la figure héroïque du personnage de McGoohan comme "*homme-symbole*", selon le modèle que nous avons étudié de ce concept, librement emprunté par nous à l'oeuvre narrative de José Coronel Urtecho, dans notre article[188] sur *Air Force One* (1997, Wolfgang Petersen[189]), c'est-à-dire *exemplum* phallique[190] (nous avons parlé du symbolisme de la Lotus Seven et de la fusée, chacune, identiquement, marquant le début et le final de la série), lacanien[191] tout autant qu'aristotélique. Ainsi, le No 6 orateur face à l'Assemblée, comme, avant lui, Gwynplaine (et le John Doe de Capra, qui tentera finalement de réaliser son suicide, ce dont, là encore circulairement, l'empêcheront, en époque de l'épiphanie de la naissance du Christ, les membres du Club John Doe), représente ce "*suicide pédagogique*" (de Kirilov) dont parle Camus[192] (de fait, après son coup d'éclat, Gwynplaine décidera de se suicider, certes pour rejoindre Dea - au nom symbolique en cela de la Divinité -).

[1]https://en.wikipedia.org/wiki/The_Prisoner

[2]*Ibid.*

[3]D'autant qu'elle modélise, comme tant d'autres (s'agissant des trois genres du fantastique, de la science-fiction et du policier, qui s'étendra postérieurement à l'espionnage, notamment par le biais des société secrètes, représentées au XIXème siècle, entre autres par Eugène Sue, Paul Féval, et Alexandre Dumas, puis par Gaston Leroux, Maurice Leblanc et Gustave Le Rouge,...), le mêlange, ici, entre la science-fiction et l'espionnage, qui nous a toujours intéressé dans l'approche génétique des genres littéraires qui naissent au XIXème siècle - et qui sont la plupart de ceux que nous connaissons -, et leur système de répartition thématique et par dérivation; cf., à ce sujet, nos ouvrages: *Origines littéraires de la pensée contemporaine XIXème-XXème siècles*; *Mythanalyse du héros dans la littérature policière (de Dupin, Lupin et Rouletabille aux superhéros de bandes-dessinées et de cinéma)*; *Aparición de nuevas estructuras narrativas: Los géneros literarios del siglo XIX*; et *Porqué las mujeres conformaron nuestra forma de pensar*; et, quant aux typologies (révélatrices) associées dans les autres arts, *Escritos sobre el Placer del Texto y sobre el Libro* et *Historia de la Arquitectura contemporánea - Siglos XIX-XXI.*

[4]Les références des épisodes sont tirés de https://en.wikipedia.org/wiki/List_of_The_Prisoner_episodes#Episode_list

[5]https://fr.wikipedia.org/wiki/1984_(roman)

[6]https://www.youtube.com/watch?v=HCDEku-O2nc&list=PLm-jfafuTZEEi0ByMGDdkOmvnQwHMd3ce&index=5, 9'05"-10'33".

[7]*Ibid.*, 10'01"-10'08".

[8]https://fr.wikipedia.org/wiki/A.B.C._contre_Poirot

[9]"*Le Prisonnier - Du Moi à l'Etre - Essai d'interprétation objective*", *Le Rôdeur*, I partie: No 16, Décembre 1995, pp. 40-43; II partie: No 17, Juillet 1996, pp. 23-27; III et dernière partie: No 18, Janvier 1997, pp. 29-32; cahier de notes à part; Prix Arts et Lettres de France, section Essai (1995).

[10]"*L'invention du test du village reste le témoignage d'une période de la psychologie clinique qui fut féconde en expériences novatrices, notamment dans le domaine de ce qu'on appelait alors les «techniques projectives». En une dizaine d'années, entre 1949 et 1959, trois versions différentes de ce test allaient être conçues et publiées en France, respectivement par Henri Arthus (1949), Pierre Mabille (1948, 1951), et Roger Mucchielli (1960). Ces trois méthodes, depuis leur création jusqu'à nos jours, ont connu divers développements.*" (Claude Bouchard et Yvonne Denis, "*L'épreuve du village imaginaire en situation de diagnostic psychologique selon les travaux de l'école de Rennes*", *Bulletin de Psychologie*, T. 52, No 439, 1999 *Le test du village*, p, p. 41); cf. aussi Robert Maistriaux, "*Le test du village imaginaire de Roger Mucchielli*", *Bulletin de Psychologie*, T. 17, No 225, 1963 *Psychologie projective - théories et techniques*, pp. 211-214.

"*Lorsque j'entendis parler pour la première fois, voici déjà dix ans, du «Test du Village», c'était à l'examen psychologique des officiers d'une Ecole Militaire de Paris, examen auquel j'assistai en tant qu'observateur, invité par un de mes anciens chefs de la 2e D. B. Là, le médecin-colonel PÉcnoux, analysant rapidement pour ses auditeurs les moyens utilisés, parla du Test du Village comme d'une technique qui n'était pas encore employée systématiquement mais qui pouvait montrer l'«harmonie du psychisme» ou au contraire la présence de perturbations mentales. J'admirai les photographies de «Villages» présentées à titre d'information sans m'attarder davantage à ce procédé dont la valeur diagnostique me parut d'abord trop relative au jugement du psychologue et à sa conception personnelle de l'«harmonie». Deux ans plus tard, je vis un sujet construire «son Village». C'était dans la vaste salle de consultation du Service de Psychiatrie d'un hôpital de province. Le sujet utilisait un matériel de fortune, composé par le médecin-chef, et comprenant un château, des maisons, des arbres, des barrières, des animaux et des personnages. L'idée du test était due, me dit le chef du service, au Dr Henri ARTHUS dont un ouvrage et un article venaient de paraître. Le souvenir des photographies admirées deux ans auparavant me revint en mémoire. Je regardai travailler le sujet, un garçon d'une douzaine d'années. Il* construisait sur une vaste table ovale, puisant ses matériaux dans un tas quelque part sur la table. Ayant déjà appris depuis longtemps que l'essentiel du métier de psychologue est de savoir écouter et regarder, j'observai donc la scène, et ma première surprise fut l'intense «participation» du sujet à son jeu. Son «plaisir» semblait d'une nature particulière: ce n'était ni plaisir esthétique, ni plaisir de jeu, ni intérêt intellectuel pour l'oeuvre. Un sérieux indubitable transparaissait à travers son activité apparemment si futile. Il plaçait ses pièces comme si elles ne «pouvaient pas être ailleurs»; il «y tenait» d'une certaine manière qui excluait visiblement la liberté d'indifférence, et pourtant tout ce qu'il construisait ainsi de ses mains pouvait être tenu pour arbitraire. Mon second mouvement de surprise fut en effet d'entendre la «critique» du «Village» tel que le sujet l'avait laissé sur la table, faite par le jeune externe du service lorsqu'il revint avec le médecin-chef dans la salle. Sa «critique» spontanément étrangère à l'attitude clinique — était en somme l'expression de sa propre «idée» de village opposée à celui qui était sur la table. Il jugeait ce village «idiot» parce que lui-même l'eût construit dif féremment. Le médecin-chef, amusé, lui demanda de construire «le sien», ce qu'il fit avec empressement après avoir remis en tas tous les matériaux; comme s'il eût «porté» préalablement en lui une image de village qui attendait sa matérialisation, notre jeune homme réalisa une disposition particulière dont il retira une profonde et tapageuse satisfaction.

Des deux villages ainsi construits coup sur coup, des renseignements bien vagues furent tirés. La disproportion me parut flagrante entre la valeur d'expression personnelle du village, valeur perceptible dans les différences de structure et dans l'intensité de la participation des sujets à leur construction, — et la minceur des résultats cliniques que l'on déduisait de l'observation. Le test d'une richesse virtuelle considérable — ne semblait pas «au point» dans sa technique et dans l'interprétation.

Pensant qu'il me suffirait de m'informer davantage, je me mis en quête de ce qui avait été écrit sur la question, tout en construisant moi aussi un matériel de fortune, sans savoir encore que je répétais là le geste de tous ceux qui comme moi avaient été intéressés par «le Village». L'entreprise me mena fort loin, car de déceptions en recherches, je dus travailler huit années avant d'avoir une vue un peu plus claire sur le problème et d'aboutir à la mise au point d'un test précis, doté d'un matériel nouveau, d'une technique d'administration et d'interprétation qui réponde enfin aux promesses que laissait entrevoir ce procédé d'investigation de la personnalité.

Remontant d'abord aux sources historiques, j'eus la surprise de découvrir la relation qui unit le «test du Village» au «World-Test» de Mme Charlotte Buhler, instigatrice par personnes interposées des expériences d'Utrecht où Arthus — et Guy de Beaumont. (lisaient avoir cueilli l'idée de «leur» test. Toujours en quête de conf irmations, je profitai d'une mission aux U. S. A. pour chercher le matériel du World-Test (qui n'était pas à l'époque commercialisé en France) et pour obtenir de Mme Charlotte Buhler des nouvelles précisions, tout en me mettant au courant des résultats considérables obtenus par son équipe à Los Angeles. Mais la balle rebondissait encore puisque Charlotte Buhler avait elle-même pris son idée auprès de Mme Margaret Lowenfeld à Londres. J'allai donc faire une longue visite à Institute of Child Psychology di? Londres, auprès de celle qui créa le «World Apparalus». Entre temps j'avais pris connaissance des travaux du Dr Pierre Mabille, qui avait appris le test d'une telle élève d'Arthus, et qui, progressant rapidement, avait constitué un autre matériel et mis au point plus scientifiquement la technique; ses travaux avaient été malheureusement stoppés par sa mort. Le; Groupement d'Etude du Test du Village, fondé par Mme Pierre Mabille et une pléiade de praticiens, en 1953, — groupement dont je devins par la suite le secrétaire général pendant deux ans exploitait les résultats atteints sans progresser davantage.

Le Dr Arthus avait-il donc, par son intervention dans l'histoire du test, orienté le «World vers le «Village» sans même s'apercevoir de sa fructueuse dissidence? En imaginant un «Village» avec un matériel de «World avait-il cédé à une tendance strictement personnelle qui distordait le test? On pouvait le croire puisque la réalisation d'un «Village» n'était qu'une des réalisations possibles avec World Apparatus. D'où venait alors la valeur expressive particulière du «Village» qui lui permettait aussi rapidement de se constituer en test en dehors du «World Apparatus» et même en *technique concurrente et supérieure? Si la chaîne historique commençait à se préciser, en revanche la relation psychologique présentait là un hiatus. Le maillon manquant me fut fourni par la découverte des travaux américains eux-mêmes dissidents à partir de Charlotte Buhler - et qui se développaient sans aucune connaissance des travaux français d'Arthus et de Mabille: je trouvai en effet les articles de Mmes Bolgar et Fischer et leur «Test du Petit Monde», qui, partant du «World», aboutissaient au «Village), en s'appuyant sur des études statistiques et comparatives de cent .coudées supérieures aux intuitions d'Arthus. La filière était ainsi reconstituée dans sa totalité.*

Sur une toute autre direction, mes recherches — éclairées par l'assimilation de cette masse de travaux insoupçonnée de tous les utilisateurs français du test   s'orientèrent vers le contrôle minutieux des variables du test et sur l'élude du niveau de la personnalité dont il nous permettait l'exploration. Mon détachement au Centre National de la Recherche Scientifique de Paris durant les cinq dernières années me permit de multiplier les expériences. Pour étudier, entre autres, l'influence des structures sociales et culturelles, signalée par Ch. Bulher, je soumis au test des paysans d'un petit village des profondeurs de la tresse, à la frontière de l'Allemagne orientale; pour étudier l'influence du niveau intellectuel j'effectuai de nombreuses recherches comparatives, etc. Ces expériences et les autres sont rapportées dans les pages qui suivent.

Au fur et à mesure que ces recherches se poursuivaient, la destination précise du test apparaissait plus clairement et exigeait la mise au point de la technique et du matériel. D'autre part le test, conçu comme un test de projection de la personnalité — et cette conception était unanimement et spontanément acceptée comme «allant de soi» — posait des problèmes graves concernant le phénomène de la «projection» et celui de la personnalité, problèmes susceptibles de retentir sur la technique et la théorie des autres méthodes projectives. Je fus amené à penser qu'il ne s'agissait pas de «projection», mais d'expression ou plus exactement de la forme d'expression d'un niveau de conscience vécu, non réfléchi, et pré-objectif, auquel on devait ramener en fin de compte le «monde privé» que Frank a posé comme le but des techniques dites projectives. Cette expression, elle-même vécue, jouée, n'est symbolique ou plutôt métaphorique, que pour la conscience réfléchie de l'observateur. Le test réalise, par ses caractéristiques, une véritable dissociation entre la conscience réfléchie du sujet, tout occupée par le jeu, par la distribution esthétique ou logique de ses éléments... et la conscience profonde, non-formulée, correspondant à sa manière (l'éprouver son existence, d'être-au-monde et à autrui, situation vécue qui s'explicite selon des modalités propres dans le Village imaginaire, sur l'espace fantasmique du plateau, comme un cryptogramme dont il fallait déterminer le code général.

Ce sont donc ces expériences, et cette théorie de l'expression, qui font l'objet de l'ouvrage. Elles ont conduit à la mise au point de la méthode, à la création d'un matériel adapté, différent de celui de mes prédécesseurs à peu près comme un microscope à immersion est différent (l'un microscope ordinaire, et à la codification des instructions et des principes de l'interprétation. Mais la technique du «Village imaginaire» reste difficile, de même qu'il est difficile de «lire» une radiographie même si l'appareil qui l'a fournie est d'une qualité supérieure. La connaissance livresque ne suffit pas. Là comme dans toutes les sciences humaines, la pratique est le meilleur des maîtres; elle permettra seule d'apprendre toutes les subtiles ressources du test en l'intégrant dans des ensembles de procédés convergents; elle suscitera — et c'est le voeu que je forme en communiquant les résultats de mes recherches — de nouvelles études et de nouveaux progrès."

(Roger Mucchielli, *Le jeu du monde et le test du village imaginaire - Les mécanismes de l'expression dans les techniques dites projectives I*, Université de Rennes Publications de la Faculté des Lettres et Science, Paris, Presses Universitaires de France, 1960, pp. 7-10)

[11]Cf. notre revue *Gojón Numéro Quadruple 32/33/34-35 Série Universitaire Spécial Nonsense.*
[12]https://en.wikipedia.org/wiki/The_Water-Babies,_A_Fairy_Tale_for_a_Land_Baby
[13]https://fr.wikipedia.org/wiki/De_l%27autre_c%C3%B4t%C3%A9_du_miroir
[14]https://en.wikipedia.org/wiki/The_Scarlet_Pimpernel
[15]https://fr.wikipedia.org/wiki/Le_Meurtre_de_Roger_Ackroyd
[16]https://en.wikipedia.org/wiki/The_Murder_of_Roger_Ackroyd

[17]https://en.wikipedia.org/wiki/Hercule_Poirot_in_literature#Hercule_Poirot_Series_in_publicati on_order

[18]https://en.wikipedia.org/wiki/The_Man_Who_Was_Thursday

[19]"*In Victorian-era London, Gabriel Syme is recruited at Scotland Yard to a secret anti-anarchist police corps. Lucian Gregory, an anarchistic poet, lives in the suburb of Saffron Park. Syme meets him at a party and they debate the meaning of poetry. Gregory argues that revolt is the basis of poetry. Syme demurs, insisting the essence of poetry is not revolution but law. He antagonises Gregory by asserting that the most poetical of human creations is the timetable for the London Underground. He suggests Gregory isn't really serious about anarchism, which so irritates Gregory that he takes Syme to an underground anarchist meeting place, under oath not to disclose its existence to anyone, revealing his public endorsement of anarchy is a ruse to make him seem harmless, when in fact he is an influential member of the local chapter of the European anarchist council.*

The central council consists of seven men, each using the name of a day of the week as a cover; the position of Thursday is about to be elected by Gregory's local chapter. Gregory expects to win the election but just before, Syme reveals to Gregory after an oath of secrecy that he is a secret policeman. In order to make Syme think that the anarchists are harmless after all, Gregory speaks very unconvincingly to the local chapter, so that they feel that he is not zealous enough for the job. Syme makes a rousing anarchist speech in which he denounces everything that Gregory has said and wins the vote. He is sent immediately as the chapter's delegate to the central council.

In his efforts to thwart the council, Syme eventually discovers that five of the other six members are also undercover detectives; each was employed just as mysteriously and assigned to defeat the Council. They soon find out they were fighting each other and not real anarchists; such was the mastermind plan of their president, Sunday. In a surreal conclusion, Sunday is unmasked as only seeming to be an anarchist; in fact, he is a proponent of state power like the detectives. Sunday is unable to give an answer to the question of why he caused so much trouble and pain for the detectives. Gregory, the only real anarchist, seems to challenge the false council. His accusation is that they, as rulers, have never suffered like Gregory and their other subjects and so their power is illegitimate. Syme refutes the accusation immediately, because of the terrors inflicted by Sunday on the rest of the council.

The dream ends when Sunday is asked if he has ever suffered. His last words, "can ye drink of the cup that I drink of?", is the question Jesus asks St. James and St. John in the Gospel of Mark, chapter 10, vs 38–39, a rhetorical question intended to demonstrate that the disciples are wrong to covet his glory because they are unable to bear the suffering for the sins of the world for which he is destined." (https://en.wikipedia.org/wiki/The_Man_Who_Was_Thursday#Plot_summary)

[20]https://fr.wikipedia.org/wiki/Le_Masque_de_la_mort_rouge_(film,_1964)

[21]https://www.youtube.com/watch?v=jnVKc-BY-2E, 1:20:45-1:21:00.

[22]https://www.youtube.com/watch?v=XvzFHUKbzhM, 1'58"-2'08".

[23]https://fr.wikipedia.org/wiki/La_Maison_du_docteur_Edwardes

[24]"*Heartbroken, Petersen returns to the hospital. Murchison, once again the director, lets slip that he knew Edwardes slightly and did not like him, contradicting his earlier statement that they had never met. This inspires Petersen to re-examine her notes of Ballantyne's dream: the masked proprietor represents Murchison and the wheel represents a revolver. Murchison therefore murdered Edwardes and left the gun on the ski slope.*

Confronting Murchison to prove her hunch, Petersen gets him to admit that the man in the dream likely represents himself. She presents her accusation, and Murchison replies that she got every detail right but one: he still has the revolver, and draws it on her. Deciding to phone the police, Petersen points out that while he could plead insanity and get a lesser charge for Edwardes' murder, shooting her would guarantee his execution. She leaves the office, and Murchison turns the gun on himself." (https://en.wikipedia.org/wiki/Spellbound_(1945_film)#Plot)

[25]"*Number Six is again repeatedly drugged and coerced into accepting the campaign, and wins the election when virtually all the robotic "citizens" vote for him. As he and Number Fifty-Eight*

go to the Green Dome to take command of the Village, she agitates him by playing with the buttons on the control panel before brutally slapping him around at least four times with surprising strength, then stunning him with bright lighting. As Number Six becomes somewhat more lucid and attempts to broadcast to the Villagers that they are free to go, he is beaten by a group of mechanics in coveralls, and Number Fifty-Eight, now speaking perfect English, reveals herself as the real incoming Number Two, while the previous Number Two prepares to head out. She asks her departing predecessor to give her "regards to the homeland"."
(https://en.wikipedia.org/wiki/Free_for_All_(The_Prisoner)#Plot_summary)

[26]Cf. notre ouvrage: *Intertextualité du Prisonnier: Structure; Gestuelle de démission du générique; Monologue empêché du dernier épisode; Autour de la figure du Numéro Six de Patrick McGoohan.*

[27]https://fr.wikipedia.org/wiki/L%27Homme_qui_rit

[28]https://fr.wikipedia.org/wiki/L%27Homme_de_la_rue

[29]https://fr.wikipedia.org/wiki/L%27Auberge_rouge_(film,_1951)

[30]https://ok.ru/video/1021562980952, 56'02"-1:02:35.

[31]Henri Barbusse, *Jésus*, Paris, Ernest Flammarion, 1927, p. 77.

[32]Cf. notre article: "*Rodrigo Peñalba*", Section "*Cultura Logía*", *Nuevo Amanecer Cultural*, Supplément Cultural De *El Nuevo Diario*, 26/5/2007, p. 10.

[33]*Contes Fantastiques de E.T.A. Hoffmann Traduction Nouvelle Précédée d'une Notice sur la Vie et les Ouvrages de l'Auteur Par Henry Egmont Ornée de vignettes d'après les dessins de Camille Rogier Tome Premier*, Paris, Perrotin, Libraire-Éditeur, 1840, p. 279.

[34]*Ibid.*, p. 255.

[35]*Ibid.*, p. 284.

[36]*Ibid.*, p. 283.

[37]*Ibid.*, p. 299.

[38]*Ibid.*, p. 260.

[39]*Ibid.*, p. 264.

[40]*Ibid.*, p. 287.

[41]*Ibid.*, p. 257.

[42]*Ibid.*, pp. 267-268.

[43]*Ibid.*, p. 255.

[44]*Ibid.*, p. 284.

[45]*Ibid.*, p. 296.

[46]*Ibid.*, p. 295.

[47]*Ibid.*

[48]*Ibid.*, pp. 295-296.

[49]*Ibid.*, p. 292.

[50]*Ibid.*

[51]*Ibid.*, p. 259.

[52]*Ibid.*, pp. 284-285.

[53]*Ibid.*, pp. 303-306.

[54]*Ibid.*, pp. 301-302.

[55]*Ibid.*, pp. 262-263.

[56]*Ibid.*, p. 285.

[57]*Ibid.*, p. 305.

[58]*Ibid.*, p. 263.

[59]*Ibid.*, p. 310.

[60]*Ibid.*, p. 285.

[61]*Ibid.*, p. 288.

[62]Cf. par ex. https://fr.wikipedia.org/wiki/Nathana%C3%AB

[63]Cf. par ex. https://www.parents.fr/prenoms/lothaire-46934

[64]Dominique Gobert, *Il était une fois le bon Dieu, le Père Noël et les fées - L'enfant et la croyance*, Paris, Albin Michel, 1992, pp. 52-59.

[65]*Ibid.*, pp. 59-60. Malheureusement, les citations de cet ouvrage sont des retranscriptions en français de la traduction que nous avions faite pour l'édition en espagnol (*Unheimliche*, 2019) du présent texte.

[66]*Ibid.*, pp. 62-64.

[67]*Ibid.*, pp. 64-67.

[68]*Ibid.*, , p. 94.

[69]*Ibid.*, pp. 68-70.

[70]https://fr.scribd.com/doc/155379006/Le-Stade-Du-Miroir-J-Lacan, p. 3.

[71]*Ibid.*, p. 1.

[72]*Ibid.*, p. 2.

[73]*Ibid.*, p. 3.

[74]*Ibid.*

[75]*Ibid.*, p. 4.

[76]*Ibid.*, p. 2.

[77]*Ibid.*, pp. 4-5.

[78]*Bewusstsein, Unbewusstes und Individuation, Zentralblatt für Psychotherapie*, 1939, *Obras completas*, Madrid, Trotta, 1999, p. 265. L'ensemble des traductions à continuation sont nôtres.

[79]*Aion*, 1951, *O.C.*, p. 379.

[80]*Recuerdos, Sueños, Pensamientos*, Barcelona, Seix Barral, 1974, p. 419.

[81]Erch Neumann, *Psicología Profunda y Nueva Ética*, Buenos Aires, Fabril, 1960, p. 27.

[82]https://www.jungcolombia.com/2015/04/el-encuentro-con-la-propia-sombra-y-la.html

[83]https://es.wikipedia.org/wiki/Funci%C3%B3n_paterna

[84]https://dle.rae.es/sombra

[85]"*Freddy Krueger est un personnage de fiction créé par Wes Craven, incarné pour la première fois par Robert Englund dans Les Griffes de la nuit (1984) ainsi que dans les huit autres films de la saga, puis par Jackie Earle Haley dans le remake de 2010 Freddy: Les Griffes de la nuit.*" (https://fr.wikipedia.org/wiki/Freddy_Krueger)

[86]"*Freddy Krueger est né en septembre 1942, à l'hôpital psychiatrique de Westin Hills, à Springwood dans l'Ohio. Il est la résultante de multiples viols qu'avait subis Amanda Krueger, alors qu'elle était nonne stagiaire dans un service de cet hôpital qui s'occupait de fous dangereux. Ce service fut fermé depuis l'accident.*

Freddy vit au sein d'une famille d'adoption, hostile à son égard et il est également le souffre-douleur de ses camarades de classe. À un âge déjà très précoce, Krueger présente des signes de sadisme. Il s'adonne aux meurtres de petits animaux. Il apprivoise la souffrance comme source de plaisir en s'auto-mutilant.

A l'adolescence, Krueger assassine son tuteur, un ivrogne notoire, à l'aide d'une lame de rasoir. Une vingtaine d'années plus tard, il épouse Loretta, une serveuse, avec laquelle il aura une fille, Katheryn.

C'est durant cette période que Freddy confectionne une arme atypique, à l'aide d'un gant de jardinage, pourvue de lames de couteaux. Il s'en servira pour mettre à mort une vingtaine d'enfants du quartier après les avoir enlevés. Krueger utilisera la centrale thermique dans laquelle il travaille comme lieu pour commettre ses forfaits.

Sa femme Loretta découvrira ses exactions et mourra pour avoir bravé l'interdit de la cave de leur maison. Freddy l'étranglera à mort sous les yeux de leur fille, alors âgée de cinq ans.

En 1968, Krueger sera finalement arrêté mais libéré à cause d'un défaut de signature sur l'un des documents d'inculpation. Après le procès, sa mère Amanda se tua, mais on ne retrouva jamais son corps.

De nombreux parents se mobilisent à la recherche du Cisailleur de Springwood, dans une quête de vengeance et de justice. Ils le retrouvent cloîtré dans une chaufferie abandonnée et décident

d'y mettre le feu par l'essence. Krueger, alors pris au piège des flammes, décède. Ses ossements furent cachés dans une décharge d'automobile.

Mais la peur, toujours présente dans les mémoires des résidents du quartier, permet à Freddy de réapparaître dans les cauchemars de leur progéniture. Il assassine de nouveau, par le biais des cauchemars, avec davantage de sadisme. S'en suivra une centaine de meurtres au fil des années dans des conditions toujours plus énigmatiques."

(https://fr.wikipedia.org/wiki/Freddy_Krueger#Biographie)

[87]"*Le film, inspiré par le succès de La Nuit des masques, fut réalisé pour un budget d'environ 550 000 USD. Distribué par Paramount Pictures aux États-Unis et au Canada et Warner Bros. dans le reste du monde, Vendredi 13 fut éreinté par la critique, mais rapporta 39,7 millions de dollars au box office américain, devenant l'un des films les plus rentables dans l'histoire du cinéma. Il connut de nombreuses suites, un crossover et un remake en 2009.*"

(https://fr.wikipedia.org/wiki/Vendredi_13_(film,_1980))

[88]Dans les sociétés occidentales, cf. par ex. https://www.tf1info.fr/justice-faits-divers/120-attaques-au-couteau-ont-elles-lieu-chaque-jour-en-france-comme-le-repete-la-senatrice-lr-valerie-boyer-2226799.html; https://www.youtube.com/watch?v=nInPHaHtA7I; en Amérique Latine, la *machete* est l'outil agricole par manque, et aussi, comme le montre métaphoriquement le film *Machete* (2010, Robert Rodríguez y Ethan Maniquis), celui des crimes et règlements de comptes.

[89]Cf. par ex. https://www.washingtonpost.com/news/wonk/wp/2015/05/07/poison-is-a-womans-weapon/; Lawrence A. Greenfeld et Tracy L. Snell, "*Women Offenders*", *Bureau of Justice Statistics Special Report*, U.S. Department of Justice, Office of Justice Programs, 10/3/2000, https://bjs.ojp.gov/content/pub/pdf/wo.pdf, p. 4.

[90]"*It is quite unmistakable that all weapons and tools are used as symbols for the male organ: e.g., ploughshare, hammer, gun, revolver, dagger, sword, etc.*"

(https://psychclassics.yorku.ca/Freud/Dreams/dreams.pdf, p. 115)

[91]"*Dewey revient à la maison et y pénètre, persuadé que le tueur y est présent. Gale, quant à elle, découvre le corps de Kenny et, prise de panique, s'enfuit avec la camionnette, avant de finir sa course contre un arbre en évitant Sidney. Le sort de Gale est inconnu. Arrivée à la maison, Sidney découvre Dewey, un couteau planté dans le dos. Alors qu'elle échappe une nouvelle fois au tueur, elle parvient à passer un appel de détresse à la police avant de tomber sur Randy et Stuart, qui s'accusent mutuellement d'être l'assassin. Prise de doute, elle leur ferme la porte au nez. À l'intérieur, Billy fait son apparition mais chute dans les escaliers à cause de ses blessures. Sidney lui confie le pistolet qu'elle a pris à Dewey, alors que Billy fait entrer Randy dans la maison. Celui-ci clame que Stuart est devenu fou. Soudain, Billy tire sur Randy, dévoilant contre toute attente être le tueur. Mais il n'a pas agi seul: Stuart se révèle être son complice. Ils dévoilent à Sidney qu'ils sont les vrais tueurs de sa mère un an auparavant: Maureen était la maîtresse de Hank Loomis, le père de Billy, ce qui provoqua le départ de sa mère. Il assassina alors Maureen pour se venger et fit porter le chapeau à Cotton Weary en lui volant son blouson et en le tachant de sang avant de le déposer dans sa voiture pour le faire accuser. Il s'agit du mobile de Billy, tandis que Stuart évoque la pression psychologique de son entourage. Ils expliquent également que tous ces meurtres sont inspirés de ceux des films qu'ils ont vus auparavant. S'ensuit une explication de leur plan à venir: faire accuser Neil Prescott, qu'ils avaient enlevé, en le rendant responsable des récents homicides dus à une folie meurtrière causée par la mort de sa femme, tuer Sidney pour ne laisser aucun survivant innocent et tirer une balle dans la tête de Neil pour faire croire à son suicide. Ils en viennent même à se poignarder l'un l'autre pour se faire passer pour des victimes. Gale refait alors son apparition et pointe l'arme de Dewey sur Billy, ce qui laisse le temps à Sidney de s'enfuir avec son père. Gale est assommée par Billy avant que les deux meurtriers se mettent à la recherche de Sidney dans la maison. Sidney tue d'abord Stuart en lui écrasant une télévision sur la figure avant d'achever Billy d'une balle dans la tête grâce à l'aide de Gale.*"

(https://fr.wikipedia.org/wiki/Scream_(film)#Synopsis_d%C3%A9tail%C3%A9)

[92]Dans notre rubrique "*Hablemos de Cine*" dans *El Nuevo Diario*, Managua, 1/3/1998, p. 16.

[93]Cf. Frank Muller, "*Une version eschatologique à l'époque de la Réforme: le Credo de Paul Lautensack*", *Pensée, image et communication en Europe médiévale*, Besançon, France, ASPRODIC, 1993, p. 230.

[94]Cf. N.-B. Barbe, "*"Pañuelo de Lágrimas" y la visión psicoanalítica del cuerpo como postulado feminista en Patricia Belli*", *El Nuevo Diario*, Partie I: 9/5/1998, p. 10; Partie II: 10/5/1998, p. 13; Partie III et dernière partie: 13/5/1998, p. 10.

[95]Cf. notre article sur ce film, https://revistaliterariakatharsis.org/hablemos_de_cine.pdf

[96]Cf. Pascal Quignard, *Le sexe et l'effroi*, Paris, Gallimard, 1994.

[97]Cf. notre article sur *Conspiracy Theory* (1997, Richard Donner), https://revistaliterariakatharsis.org/hablemos_de_cine.pdf

[98]Cf. nos articles sur *As Good as It Gets* (1997, James L. Brooks) et *EdTV* (1999, Ron Howard), *in ibid.*

[99]1997-1999, publié en volume y compris les inédits: 2001, 2007, Bès Éditions.

[100]Pour ces deux derniers films, cf. voir les articles correspondants (respectivement: 16/9/2006, p. 10; et 7/7/2007, p. 10) dans notre rubrique précédemment citée: "*Cultura Logia*", 2005-2007, du Supplément Culturel *Nuevo Amanecer Cultural* du même journal *El Nuevo Diario*.

[101]Que nous avons étudiée dans notre ouvrage: *Le Cri d'Edvard Munch: un cas paradigmatique de mise en scène des codes iconiques propres à une époque*; ainsi que dans "*Los Malditos*", *El Nuevo Diario*, 11/12/1998, p. 10, y "*La construcción de la identidad en "La dama de Urtubi" de Baroja*", *Bolsa Cultural*, No 91, 14/5/1999, pp. 4-5.

[102]Bès Editions, 2001.

[103]Bès Editions, 2004.

[104]Cf., dans le livre correspondant, les articles sur: *Contracará, Misión: Imposible - La película, El Complot, Most Wanted, The Truman Show, EdTV, The Matrix, No Way Out, Fight Club.*

[105]22/11/1998, p. 10.

[106]https://en.wikipedia.org/wiki/The_Evitable_Conflict

[107]Cf. notre article dans la même Section, https://revistaliterariakatharsis.org/hablemos_de_cine.pdf

[108]https://en.wikipedia.org/wiki/Shah_Guido_G.

[109]https://fr.wikipedia.org/wiki/La_Voie_martienne_(nouvelle)

[110]Sur le film de de Stephen Hopkins (1998), d'après la série télévisée d'Irwin Allen (1965-1968), cf. notre article dans https://revistaliterariakatharsis.org/hablemos_de_cine.pdf

[111]Rééd. *L'œil de la Sibylle*, Paris, Denoël-Folio SF, 1987, p. 121

[112]Cf. notre article sur ce film, dans https://revistaliterariakatharsis.org/hablemos_de_cine.pdf

[113]https://revistaliterariakatharsis.org/hablemos_de_cine.pdf

[114]*Ibid.*

[115]Sur ces deux films et leur lien thématique, cf. notre conférence: "*Angel Heart et L'Échelle de Jacob: katabase et anabase*", *Actes du Xème Colloque International des Danses Macabres d'Europe*, Vendôme, Septembre 2000, pp. 313-350.

[116]Cf. notre ouvrage: *Essais d'iconologie filmique*, 2001.

[117]Cf., de nouveau, notre conférence sur ce film au 10e Congrès international de la Danse Macabre d'Europe, Vendôme, Septembre 2000.

[118]Sur le thème de la tradition dans ce film, cf. notre article, https://revistaliterariakatharsis.org/hablemos_de_cine.pdf

[119]Cf. Barbe, "*Los Malditos*", *El Nuevo Diario*, 11/12/1998, p. 10.

[120]Sur ces films, cf. https://revistaliterariakatharsis.org/hablemos_de_cine.pdf

[121]Sur ces films, cf. https://revistaliterariakatharsis.org/hablemos_de_cine.pdf

[122]Cf. notre ouvrage: *Mythes*, 2001, 2004.

[123]Bès Editions, 2004.

[124]Gobert, pp. 118-119.

[125]"*According to Star Wars creator George Lucas, he experimented with various combinations of names for the character built upon the phrase "Dark Water". Then he "added lots of last names,*

*Vaders and Wilsons and Smiths, and ... just came up with the combination of Darth and Vader".
After the release of The Empire Strikes Back (1980), Lucas stated that the name Vader was based
upon the German/Dutch-language word Vater or vader, meaning 'father', making the name
representative of a "Dark Father". Other words which may have inspired the name are "death"
and "invader", as well as the name of a high-school upperclassman of Lucas's, Gary Vader."*
(https://en.wikipedia.org/wiki/Darth_Vader#Name)

[126]Cf. notre travail sur *El Güegüence*, compilé en partie dans *Mythes*; ainsi que, sur le même thème,
"*Le rire: Désacralisation ou manière de diffuser le sacré? L'exemple du pet dans les textes et
légendes populaires*", *2000 ans de Rire. Perspective et modernité*, Colloque International
GRELIS-LASELDI/CORHUM (2000, Besançon), PUFC - Presses Universitaires Franc-
comtoises, Paris, Les Belles Lettres, 2002, pp. 31-41.

[127]En ce sens, pour une l'interprétation alchimique de ce film, cf. notre article dans
https://revistaliterariakatharsis.org/hablemos_de_cine.pdf

[128]Cf., sur ce sujet, notre travail sur *L'Homme Bicentenaire: Isaac Asimov, René Descartes et
Bartolomeo De Las Casas*.

[129]Cf. "*Angel Heart et L'Échelle de Jacob: katabase et anabase*".

[1]Cf. notre étude du rapport entre cette oeuvre et *Le Prisonnier*, note 5 *infra*.

[2]Qui s'inscrit parfaitement dans la mentalité artistique des années 70, cf. *infra*, tant du point de vue
de la forme que du fond; puisqu'il s'agit d'une mise en accusation du complexe social (c'est-à-dire
de ses mythes, de ses inhibitions et de son intolérance - concrétisés par une vision apocalyptique,
dont on trouve encore des échos dans les réalisations du début des années 80 et 90 sur le plan
formel -, que ce soit envers l'homosexualité pour David Bowie, de la solitude et de la méchanceté
gratuite pour Brian de Palma, ou de la délinquance), par le biais d'une apologie quelque peu naïve
du modernisme mêlée à une forte tendance baroquisante, comme par ex. dans les films de Federico
Fellini (notamment dans *Le Satyricon* de 1969), de Palma (*Phantom of Paradise* de 1974, *Carrie*
de 1976, ou *Blow out* de 1981, etc.) ou dans *Orange mécanique* de 1971 de Stanley Kubrick. Il ne
faut pas oublier qu'en 1967 sortaient deux oeuvres au thème commun (la dénonciation de la
déshumanisation de la société), le premier épisode du *Prisonnier* et *Playtime* de Jacques Tati. On
trouve donc magnifiés et transcendés dans *Le Prisonnier* tous les éléments de la mentalité de
l'époque. C'est le d'une société en mutation, qui, après son fameux "*baby boom*", se sent
irrésistiblement entraînée à devenir de masse, de consommation, de ville, et qui révèle sa peur de
l'inconnu, notamment de sa propre technicité qu'elle ne maîtrise pas encore (à l'inverse par ex. la
filmographie des années 1990 fait des ordinateurs des instruments, comme dans *RoboCop* et
Terminator II notamment, - à quelques exceptions près toutefois comme *Sliver* de 1993 ou *Le
Cobaye*, qui d'ailleurs ne fait que reprendre le thème de *Tron* -, et non plus des combattants ou des
ennemis comme ça pouvait être encore le cas dans *War Games, 1984* ou *Terminator*). Mais pour
l'heure, on est surpris de trouver dès 1966 dans la chanson "*Société anonyme*" de Ralph Bernet et
Guy Magenta les problèmes que l'on rencontrera un an plus tard dans *Le Prisonnier* et surtout dans
les mêmes termes: "*Ton nom n'existe pas, tu n'es qu'un numéro/ Pour être sûr de te garder, on te
donne ce qu'il faut/ Rien n'est à toi, tu ne vaux pas un seul centime/ Tout appartient à la société
anonyme*".

[3]Alain Carrazé et Hélène Oswald, *Le Prisonnier - Chef d'oeuvre télévisionnaire*, Paris, Huitième
Art, 1989. Nous avons respecté la numérotation des épisodes donnée dans cet ouvrage, qui est
sensiblement différente de celle de la série de six cassettes distribuée par Polygram Music Video.
Sur les études et les livres consacrés à la série, cf., malgré leur pauvreté analytique (lorsqu'il ne
s'agit pas de simples romans ou oeuvres de fiction inspirés par la série), en outre de l'ouvrage de
Carrazé et Oswald, op. cit., les ouvrages cités en bibliographie *in ibid.*, p. 240, ainsi que Dave
Rogers, *The Prisonner and Danger Man*, Londres, Boxtree-The Channel Four Book et ITC, 1989
et 1992, et Francis Valéry, *Le Prisonnier - Retour au village*, Pézilla la Rivière, Ed. ...Car rien n'a
d'importance, 1993.

[4]Dont le thème s'inspire sans doute plus ou moins des *Enchantements de Glastonbury* de John

Cowper Powys. On retrouve dans la série états-unienne *L'île fantastique*, légèrement postérieure au *Prisonnier*, le principe, bien que non investi d'un sens moral fort, de l'île ou village isolé comme symbole microcosmique (réduit dans *L'île fantastique* dans le temps et l'espace) fantasmagorique du monde réel. Cette collusion du symbolisme du cadre dans les deux séries confirme bien, par contrecoup, le sens de l'image du village dans *Le Prisonnier*. D'autre part, le générique de fin récurrent dans chaque épisode du *Prisonnier*, et dans lequel on voit le visage de Patrick McGoohan s'inscrire au-dessus du Village, derrière des barreaux de prison, peut être interprété comme l'illustration du fait que le Village est une image mentale. Cette image du visage du prisonnier venant se greffer sur celle du Village se comprend bien sûr par le rapport dedans/dehors, mais aussi macrocosme/microcosme (que l'on étudiera). C'est ce que prouvent les influences architecturales multiples et variées du Village, qui en font une sorte de patchwork des cultures du monde entier (ce qui s'oppose implicitement à son aspect profondément clos), sur cet "*internationalisme*" tant de l'architecture que des langues du Village, cf. l'excellente critique de la thèse (quelque peu délirante) de Bernard Godeaux par Serge Simplex, "*La merveilleuse histoire d'un prisonnier*", *Le Rôdeur*, n° 16, déc. 1995 (revue dans laquelle a par ailleurs été publié la première partie du présent article), pp. 20 à 23, qui rapproche fort justement à la fois le Village d'une Babel moderne (en réf. à une citation du *Prisonnier*) et de l'épisode "*Colony Three*" de *Destination Danger*. Il semble évident aussi que, comme dans *New York 1997* (1981) de John Carpenter ou *Les Rats de Manhattan* (1984) de Vincent Dawn, le village illustre un complexe culturel et social face au sentiment de dépersonnalisation des grandes villes, lié à une phobie de l'industrialisation (propre au début du siècle et qui a atteint son apogée dans les années 60-70, avec le mythe du retour à la nature). Ainsi, le Village, comme entité innommée, stigmatise la qualité d'impersonnalité de la grande ville tout en en étant le contrepoint caricatural (du fait justement que c'est un village-ville). A ce propos, il semble que lorsque dans le premier épisode, le prisonnier s'aperçoit qu'aucune indication précise n'est portée sur les cartes du Village (sinon "*la mer*", "*les montagnes*", "*le village*") - pas même une topographie de l'intérieur qui précise où se trouvent l'église ou la mairie (c'est significativement sur les placards à touches lumineuses - symboles de la modernité, puisqu'ils sont censés éviter de demander son chemin - qu'ont la trouvera) -, cela doive être interprété non seulement comme l'illustration tragi-comique de la nécessité que les maîtres du Village ont de garder le secret sur son emplacement, mais aussi et surtout comme une critique implicite de l'anonymat des villes (dont il est justement l'archétype par ses multiples influences). Dans ce sens, les taxis - et plus généralement la voiture -, qui symbolisent traditionnellement la possibilité d'évasion face à l'univers carcéral de la cité moderne, comme dans *New York 1997* ou la série des *Mad Max*, jouent ici aussi un rôle tragi-comique, puisque, ne menant nulle part, comme dans *Thelma et Louise* (1992) de Ridley Scott par ex. (dans lequel on retrouve, d'une certaine façon, le thème du double, par la relation qui unit les deux héroïnes), ils sont la preuve rédhibitoire qu'il est impossible de fuir, ce qui en fait est le message général de la série, cf. conclusion et note 47 *infra*. En outre, on notera que *Le Prisonnier* reprend ce qu'il est convenu d'appeler le "*concept*" de la série *Le Fugitif* de 1963-1967, en privilégiant le thème, sous-jacent, de la quête sur celui de la fuite, même si *Le Prisonnier* reprend le thème en quelque sorte "à l'envers", le numéro 6 cherchant à s'échapper, alors que *Le Fugitif* parcourt le pays pour rester libre. Mais il faut bien reconnaître que le pari essentiel du *Prisonnier* a été, sur le plan formel, de prendre le contre-pied du prétexte traditionnel des autres séries, du *Fugitif* à *Kung Fu* en passant par ex. par *Get-Away* au cinéma. En effet, McGoohan garde son héros enfermé au Village pendant toute la série, au lieu de le faire fuir à travers le monde pour échapper à ses poursuivants, ce qui est une formule plus classique. Néanmoins, *Le Fugitif* comme *Le Prisonnier* représentent de réels tours de force en proposant aux spectateurs de suivre un héros qui s'enfuit sans cesse dans un cas et reste enfermé en un lieu unique dans l'autre. Ces deux formules risquaient en effet d'être très lourdes pour de longues séries, même si elles sont parfaites pour des films ou téléfilms (pensons encore une fois à *Get-Away* ou aux films sur la vie des prisons tels que *Papillon* ou *L'évadé d'Alcatraz*), voire pour un épisode de série télévisée, comme il s'en trouve par ex. un dans *Starsky et Hutch* où les héros veulent conduire une jeune femme devant un tribunal et sont poursuivis par des gangsters qui essaient de l'empêcher de témoigner. Les séries *L'homme qui tombe à pic*, qui reprend ce dernier schéma (la course-poursuite entre des enquêteurs chargés de ramener un prisonnier et des gangsters qui veulent les en empêcher) dans tous ses épisodes, et *Raven*, qui montre un homme poursuivi par des ninjas, et qui décide de se cacher dans les îles et se trouve donc en quelque sorte bloqué, bien que volontairement en l'occurrence, en un lieu unique, comme le prisonnier, se démarquent nettement du *Fugitif* et du *Prisonnier*, car elles jouent sur les rapports humains entre plusieurs héros, comme les séries classiques (alors que *Le Fugitif* et *Le Prisonnier* mettent en scène un homme seul), et que le "*concept*" original de la série n'est pas vraiment dans *L'homme qui tombe à pic* ou *Raven* la fuite ou l'enfermement du héros, ce ne sont là que prétexte. Le thème central est, dans *L'homme qui tombe à pic*, les aventures d'un chasseur de primes (comme dans *Au nom de la loi* ou *Franck, chasseur de fauves*), et les aventures policières du héros dans *Raven* (qui s'inspire en cela très visiblement de *Magnum*, et aussi de *Hawaï police d'état* et de la dernière série des *Drôles de dames*, qui se situe intégralement à Hawaï). On le voit donc, dans *L'homme qui tombe à pic* ou *Raven*, le thème de la série est avant tout policier, alors que dans *Le Fugitif*, le nombre imposant des épisodes dilue l'intrigue policière, qui passe foncièrement au second plan et fait du voyage du héros un prétexte à des rencontres diverses (une série du même type est celle intitulée *Les routes du paradis*), et que dans *Le Prisonnier* le monde de l'espionnage devient identiquement prétexte à une réflexion sur l'humanité et son avenir (réflexion en partie provoquée par les développements de la technique, qui ont, comme on le sait, inquiété toute une génération d'auteurs de science-fiction, et ont notamment été stigmatisés à la télévision dans *Chapeau melon et bottes de cuir*, bien que sur le mode humoristique). Le spécificité marqué du *Fugitif* et du *Prisonnier* nous ramène donc l'identité thématique que nous venons de noter entre les deux séries et nous semble l'attester irrévocablement. D'ailleurs, si nous pensons pouvoir postuler que *Le Fugitif* a inspiré *Le Prisonnier*, c'est qu'outre le fait que l'année de fin de la première série est aussi celle du début de la seconde, *Le Fugitif* inspira plusieurs autres séries, de western et policières, dans lesquelles les héros sont toujours deux évadés. Elle inspira même *L'Incroyable Hulk*, pour le choix du thème de départ, la fuite après un meurtre. Cette problématique de la *culpa* dans ces séries renvoie à celle du péché originel, innomé, comme dans *Le Prisonnier*. De plus, *Le Fugitif* et *L'Incroyable Hulk* représentent, comme *Le Prisonnier*, la quête du *Moi*, qui passe par la reconnaissance sociale, c'est-à-dire que la reconquête d'un statut perdu, que l'on peut symboliquement appelé d'édénique, doit permettre au héros de pouvoir à nouveau assumer sa véritable identité: son nom. Cette conscience individuelle conditionnée à la position sociale, bien que dans *Le Prisonnier* elle relève plus du symbole psychanalytique que d'une véritable obéissance à la notion de classes, peut dans ces trois séries être comprise comme l'aboutissement de trois données fondamentales, consécutives les unes aux autres: l'enracinement de notre grégarisme instinctif dans les structures les plus profondes de l'organisation des sociétés humaines; le baroquisme (très sensible dans les décors du *Prisonnier*, notamment dans le dernier épisode, aussi bien que dans le choix du village de Portmeirion) de la notion de Renommée; et la mentalité bourgeoise (qui par ailleurs est la cause de la notion de Renommée à la période baroque). Là encore (cf. *infra*), on voit que dans *Le Prisonnier*, les deux aspects de la spiritualité s'affrontent de manière étrangement paradoxale, la religiosité supportant la démonstration morale et philosophique, en même temps que sa propre critique (par la dénonciation, toujours sous-jacente et radicalement contraire à l'esprit des religions, du grégarisme et de la soumission). Nous serions ainsi tenté de rapprocher *Le Prisonnier*, par son unité de lieu et d'action (exception faite des épisodes 2, 7 et 13, où il sort plus ou moins longtemps du cadre carcéral du Village - à noter que les épisodes 14 et 15 ne nous semblent pas devoir être comptabilisés ici car, malgré les apparences, et comme nous l'expliquons dans le texte, il ne sont que des représentations alternatives du Village, identiquement l'ultime épisode ne nous semble pas devoir être considéré comme une exception au thème de l'unité de temps et de lieu, dans la mesure où d'une part le retour identifie explicitement le Village à Londres et les administrateurs de l'un aux députés de l'autre et d'autre part, par contrecoup en quelque sorte, la libération du Village apparaît comme quelque peu illusoire, c'est-à-dire comme une parodie des films d'espionnage à la James Bond, auquel le mitraillage final est une référence évidente, plus que comme une "happy end", c'est ce qui valut, comme nous le rappelons par ailleurs, à McGoohan de devoir s'exiler d'Angleterre pour échapper à la furie des téléspectateurs mécontents de ce "faux dénouement" -), nous serions donc ainsi tenté de rapprocher *Le Prisonnier*, par son unité de lieu et d'action, des tragédies classiques, dans la mesure où d'une part l'unité de temps apparaît, sinon dans le temps supposé de déroulement de l'action de chaque épisode, du moins dans le cadre classique des cinquante minutes (temps réel de chaque épisode) - c'est peut-être en partie pour insister sur cela que le dernier épisode est subdiviser en deux -, et d'autre part le paradigme de la tragédie classique est l'aventure d'OEdipe dans la mentalité moderne (comme en témoignent les travaux d'auteurs par ailleurs souvent d'origine religieuse, juive ou chrétienne - ce qui est aussi le cas de McGoohan, cela est important comme nous le montrons *infra* -, tels que Sigmund Freud ou René Girard, dont l'ouvrage donne un bon catalogue, cf. Girard, *La violence et le sacré*, Paris, Bernard Grasset, 1972, etc.). Or on vient de voir que, comme OEdipe (au moins dans l'interprétation moderne qui en est habituellement donnée), le thème du *Prisonnier* est l'*ego* et sa définition par rapport à l'Autre, mais aussi, comme nous le montrons *infra*, par rapport à un certain nombre de figures parentales, telles que la Femme, figure maternelle et castratrice (notamment dans les épisodes 2, 6 à 8 et 13 à 15), la Loi, figure paternelle du pouvoir représentée par les différents numéros 2, comme cela est très net dans l'alternance du seizième épisode entre un pouvoir exercé par le numéro 2 sur le prisonnier et le meurtre de celui-ci par le prisonnier qui devient ainsi le "père de son père". On relèvera d'ailleurs que le meurtre du numéro 2 se fait par l'ingestion forcée du contenu d'un verre, selon un procédé qui rappelle évidemment la scène finale de *Hamlet* (vers 1600-1601) de William Shakespeare, considéré par Freud comme l'équivalent moderne du mythe d'OEdipe justement. De plus, la réconciliation des numéros 2 et 6 dans le dernier épisode, grâce à la résurrection du numéro 2, évoque elle-même, là encore par contrecoup, l'union de Hamlet, de son père, de sa mère et de son oncle dans la mort (qui meurent tous empoisonnés, et pour Hamlet et son oncle tués en plus d'un coup d'épée), en même temps que la résurrection du numéro 2 met l'accent sur le fait que sa mort était symbolique (comme celle du Père) au même titre que l'incarcération au Village du numéro 6 (puisque, une fois qu'ils sont réconciliés, on s'aperçoit, du moins si l'on en croit les dernières images, que le numéro 2 est un député anglais - donc ni un ennemi ni un danger pour le prisonnier, mais au contraire un allié, sur cette ambiguïté des personnages dans *Le Prisonnier*, qui rappelle elle-même *Hamlet*, cf. aussi notes 10-11 et 41-42ss. et texte correspondant *infra* -). Il n'est pas indifférent non plus que l'avant-dernier épisode révèle que le prisonnier fût profondément marqué par un bombardement durant la guerre (dont on suppose qu'il s'agit de celle de 1940-1945), comme l'est Edward Allison, héros de *Hamlet ou La longue nuit prend fin* de l'allemand Alfred Döblin, achevé en 1946 et publié seulement en 1956. Dans ce texte, Edward, jeune soldat américain profondément marqué par la vue d'un bombardement-suicide d'aviateurs japonais lors d'un transport de troupes, est envoyé pendant assez longtemps dans une clinique britannique, avant de retourner chez lui, où fortement marqué par ce qu'il a vu et face aux mensonges de ses proches, il manque perdre la raison. C'est la mort de ses parents qui le libérera finalement, faisant de lui un "*nouveau Christophe Colomb*". On rencontre donc bien là, une dizaine d'années avant *Le Prisonnier* les thèmes principaux de la série: un héros sombre, psychologiquement faible, et devant affronter les siens et ses propres visions (dans un épisode, le prisonnier avouera qu'il a quitté les services secrets suite à la découverte des horreurs qui y étaient commises). Seule la mort symbolique (et chez Döblin réelle) de ses parents sauvera le héros de sa folie. Il deviendra alors, après une longue katabase, un héros lumineux et libre car ayant, comme le prisonnier dans le dernier épisode, qui rentre chez lui, comme s'il revenait simplement de voyage (même si c'est le nain du Village, cette fois à son service et non plus à celui des forces mauvaises, qui lui ouvre, on se demandera d'ailleurs si ce nain, récurrent dans la série, n'est pas en réalité le serviteur du prisonnier, qui le transpose, à cause de sa symbolique néfaste traditionnelle, cf. note 32 *infra*, dans son univers mental psychotique). Les deux héros sont donc des *découvreurs de vérité* (au sens ontologique du terme, vérité personnelle chez Döblin, mais aussi critique, sociale et politique chez McGoohan), à l'instar de Christophe Colomb (selon la comparaison de Döblin lui-même). Plus intéressant encore peut-être, chez Döblin comme chez

McGoohan, les ennemis sont les proches du héros, et c'est contre les siens qu'il doit se battre. Chez Döblin, il s'agit d'une mise en scène de sa propre vie, les Allemands ne lui ayant pas pardonné d'avoir servi sous l'uniforme de colonel français dans l'armée d'occupation en 1945. Chez McGoohan, prédicateur, c'est le moyen d'une réflexion morale et religieuse sur l'humilité, l'abandon de soi, les fausses valeurs du monde, etc., cf. ce que nous disons dans cette note *supra*.

[5]Bien que la différence fondamentale entre les deux réside dans le fait que Joseph K. ne sait pas de quoi il est accusé, alors que le prisonnier connaît parfaitement le prétexte de son enlèvement, les renseignements qu'il peut fournir. Cependant, les motifs et l'ambiance générale des deux oeuvres sont très proche. Même si le développement reste assez différent dans les deux, la référence kafkaïenne est évidente chez McGoohan, et il faut sans doute voir dans *Le Procès* une source directe du *Prisonnier* (la thématique de celui-ci se situe en effet sur le même plan que celle du *Procès*, et la morale finale en est identique). Dans son édition de Franz Kafka, *OEuvres complètes*, Paris, Gallimard, 1976, pp. 954-955, Claude David écrit: "*C'est donc que Joseph K. a, d'une certaine manière, lui-même attiré la foudre sur sa tête. Non par une faute plus grave que celle du commun, mais par un retour sur lui-même que la plupart omettent d'accomplir. Un retour sur lui-même qui, loin d'améliorer son cas, ne fait que l'aggraver, mais qui, en même temps, change sa vie de manière définitive. Un retour sur lui-même, qui ne lui donne aucune clarté nouvelle, ni sur lui ni sur le monde, mais qui l'engage dans une aventure dangereuse, l'achemine vers des zones jusqu'alors ignorées, où ne l'attendent ni le bonheur ni le salut, mais où il est hors de doute que son destin se joue. Il a été possible de déceler la même structure dans "Le Soutier" et Le Verdict; ce rapprochement s'impose ici avec plus d'évidence encore. Joseph K., comme Georg Bendemann, est arraché tout à coup à sa bonne conscience. Sa vie, qui ignorait les problèmes, lui devient soudain incertaine et suspecte. Il avait suffi à Georg Bendemann de quelques semaines pour être convaincu de sa culpabilité et pour accepter le verdict paternel. Il faudra un an à Joseph K. pour accomplir le même chemin. Seulement, alors que dans Le Verdict cette prise de conscience était le seul contenu du récit, elle n'est, dans Le Procès, que le préambule et l'anecdote. A travers cette crise, Joseph K., va découvrir à tâtons la situation paradoxale qui est, selon Kafka, la condition de tout homme, mais que la plupart s'arrangent pour ne pas voir: il est confronté à une loi, dont la présence se manifeste à lui à chaque pas qu'il fait et convaincu en même temps qu'il est incapable de répondre à ce que cette loi exige de lui. Il éprouve inséparablement, une présence et une absence; il doit obéir à une loi qui refuse de se faire connaître ou à laquelle il ne peut se soumettre. Il est hors la loi, quoi qu'il fasse, et donc coupable... La plupart des gens éludent l'expérience dans laquelle Joseph K. est jeté. Seul est soumis au procès celui qui le veut bien. "La justice, dira l'abbé à Joseph K., ne veut rien de toi. Elle te prend quand tu viens et te laisse quand tu t'en vas". Si Joseph K. ne répondait pas aux convocations du tribunal, aucune sanction supplémentaire ne lui serait infligée. Il s'y rend quand il veut...*". En outre, comme on l'a dit, les situations et les motifs de l'oeuvre se retrouvent dans *Le Prisonnier* (la mise en accusation, la nécessité de répondre à une accusation infondée, le mutisme des juges, l'impossibilité de se défendre, le procès comico-surréaliste, le rêve éveillé, cf. le chap. intitulé *Le Rêve*, in *ibid*., pp. 487 à 489, etc., on peut d'ailleurs voir dans la récurrence du motif du procès dans *La Prisonnier*, au-delà de la critique de la société moderne, la mise en accusation de l'idée de *culpa*, au sens religieux, et donc de celle du rachat collectif, qui suppose la dépendance de l'individu au groupe). De fait, la relation entre le roman de Kafka et *Le Prisonnier* semble très clairement trouver son origine dans *Le Procès* (1962) d'Orson Welles. En effet, dans ce film, inspiré de Kafka donc, les trois collègues de bureau de Joseph K. qui le suivent en le saluant de manière énigmatique, et qui apparaissent à plusieurs reprises au début, ont sans doute inspiré le personnage, qui deviendra secondaire au fil des épisodes et finira même par disparaître pour ne réapparaître que dans le dernier épisode, du serviteur nain. Plus révélateur encore, dans le film, la modernité, symbolisée par les immenses bureaux où travaille Joseph K., est là déjà stigmatisée, comme elle le sera par McGoohan (par le caractère désincarné, déshumanisé de ce grand ensemble - comme aussi de celui où loge le héros - et par le flux ordonné des travailleurs qui, à heures fixes, envahissent les couloirs, comme dans nos cités modernes). Comme dans *Le Prisonnier*, la femme

apparaît comme castratrice, cf. notes 34 à 40ss. et texte correspondant *infra*, aussi bien en ce qui concerne les femmes elles-mêmes (que ce soit la danseuse, la maîtresse de l'avocat ou la femme de l'huissier, toutes se donnant au premier venu et étant par là même les symboles mêmes de ce fameux "*vagin denté*" - de fait, la maîtresse de l'avocat, sorte de mante religieuse dirons-nous, est, de l'aveu même de celui-ci, attirée par *tous* les accusés avec lesquels elle fait l'amour -) que par l'ordinateur central qui, comme dans *Le Prisonnier*, régente en maître absolu le destin des travailleurs de l'entreprise de Joseph K. (l'immense entrepôt où travaille K. sera réutilisé dans un film contemporain sur la vie, romancée, de Kafka, dans lequel les personnages et les actions de ses romans - le château, la machine à tuer du *Pénitencier*, etc. - interviennent comme s'ils étaient des éléments réels de sa vie). Or cet ordinateur est explicitement, selon Joseph K., considéré par les informaticiens qui l'utilisent (les "*desservants*") comme une *femme*. La déportation du symbolisme féminin de cet ordinateur tout puissant (qu'on retrouve aussi bien dans "*Le Général*" que dans l'épisode final du *Prisonnier* - l'oncle de Joseph K., ce qui est significatif, veut d'ailleurs que son neveu demande à l'ordinateur de "*quoi*" on l'accuse exactement, cf. note 41 sur la traduction à donner à l'identique "*what*" qui détruira le Général chez McGoohan -) à la femme elle-même dans la série devient donc, au-delà du plan symbolico-psychanalytique d'involution sur lequel nous reviendrons, parfaitement clair une fois reporté au film de Welles. Chez Welles, la Justice (divinité féminine) est ainsi identifiée par Joseph K. à "*la déesse de la chasse s'égosillant*" (à noter que le dossier d'acquittement provisoire que Titorelli, le "*peintre officiel des juges*", propose à Joseph K. est décrit comme montant et descendant, en d'autres termes donc identique à la roue de Fortune, déesse qui, sous sa forme de Victoire, est peinte par Titorelli, sous sa forme fluctuante donc, typique de Fortune, que critique fort pertinemment Joseph K. à propos de l'impartialité nécessaire de la Justice, cette critique symbolique mettant bien sûr en évidence le thème principal et par là même récurrent du film - rappelons encore que la Vénus Fortune zodiacale est un thème iconographique et littéraire classique de la Renaissance, en réf. évidente à la triple figure de l'Astarté-Aphrodite antique, à la fois déesse de l'amour et de la mort et de la naissance ou de la prospérité civile, autrement dit de la Bonne ou Mauvaise Fortune -). On retrouvera cette déesse (c'est-à-dire à la Mort elle-même) dans les épisodes 14 et 15 du *Prisonnier*. Plus symptomatique encore, la scène où Joseph K. essaie de se justifier devant le tribunal préfigure parfaitement celles, récurrentes dans la série, puisque là déjà le héros - en l'occurrence donc Joseph K. - n'a pas la possibilité de parler, l'assistance riant ou applaudissant à n'importe quel moment sur ordre du juge (comme l'aréopage du dernier épisode du *Prisonnier* le fera sans cesse sur l'ordre répété du numéro 2). De plus, on notera que chez Welles les membres de l'assistance sont de hauts dignitaires, reconnaissables, comme le note Joseph K., à l'insigne identique que tous portent à la boutonnière, comme chez McGoohan, d'une part tous les membres du Village portent un numéro accroché à la poitrine, et d'autre part dans le dernier épisode l'aréopage du jury sont assimilés aux Lords de la Chambre d'Angleterre (par la forme même du tribunal où ils siègent), cf. *infra* (en outre le fauteuil sur lequel trône toujours l'avocat dans *Le Procès* de Welles est identique, par son décor baroque, à celui sur lequel sera assis le prisonnier dans le dernier épisode de la série). De même, la paranoïa de Joseph K. (dans leur affrontement final, l'avocat demande même à Joseph K. s'il compte plaider la folie, nous allons y revenir), mise formellement en relation par Welles avec l'aspect normatif de la société où il vit (dont les bourreaux qui tueront Joseph K. sont explicitement considérés comme les "*pantins*", ainsi qu'il le dit avant de mourir) et avec son éducation (le père de Joseph K. l'ayant toujours culpabilisé comme il le reconnaît devant la danseuse), fait écho à l'interaction du domaine psychanalytique et du domaine de la critique sociale, tous deux étroitement imbriqués dans la série de McGoohan; et même plus, comme dans la série, où la paranoïa du prisonnier (son enfermement au village symbolisant en réalité, comme nous allons le démontrer, sa propre folie) est explicitement causé par le caractère castrateur et normatif de la société (symbolisée, comme chez Welles, par l'anonymat des personnages réduit à l'état de numéros et par l'ordinateur tout puissant), il est très clair que, Welles faisant de l'éducation de Joseph K. et de l'aspect conformiste de la société les deux moteurs de l'isolement du héros, fait par conséquent de ces deux éléments la cause même de la paranoïa de Joseph K. (comme Joseph

K. le laisse clairement entendre à la danseuse lorsqu'il compare la figure punitive, et donc normative pour la psychanalyse traditionnelle, de son père à celle de l'instituteur - la figure paternelle devenant parangon de celle de l'Ordre social établi, et les deux s'associant pour faire du jeune Joseph K. un enfant mentalement "*martyr*", notion d'ailleurs explicitement soulevée par Joseph K. lui-même lors de son entretien final avec son avocat, autre figure paternelle, entretien à caractère nettement introspectif pour Joseph K., comme l'est l'affrontement final entre le numéro 2 et le prisonnier dans les deux derniers épisodes de la série de McGoohan (de fait, l'avocat devient bien l'accusateur de Joseph K., prenant alors toutes les fonctions d'une figure paternelle, comme le numéro 2 de l'épisode 17 de la série, nous reviendrons sur ce`complexe jeu de rôles tout à fait révélateur chez McGoohan, d'autant qu'il mettra en place la mort symbolique du Village, et par là même la fin de l'aventure psychanalytique du prisonnier, libéré de cette figure du Père, qui n'est en fait qu'une autre expression de ses propres tensions intérieures en réponse à la pression sociale), cf. *infra*. On notera à ce propos que l'avocat chez Welles, comme on vient de le dire, et le numéro 2 chez McGoohan tiennent le rôle du père, voire du "*père sévère*" lacanien, dans ces tête-à-tête servant dans les deux cas de conclusions psychanalytiques, ainsi que l'atteste la similarité macabre et involutive des deux fins, sur laquelle nous allons revenir à la fin de cette note -). Or on l'a dit, la même critique sociale de la société moderne, où l'individu est réduit à l'état d'objet utilitaire, se rencontre chez Welles (par la foule de travailleurs qui se presse à heures fixes dans les couloirs - ce qui va jusqu'à empêcher Joseph K. de recevoir sa jeune cousine par peur de son chef, autrement dit à cause de la pression sociale qui s'exerce en permanence sur lui sans qu'il sache jamais pourquoi -) comme chez McGoohan (les individus étant transformés en numéros). On retrouve la même problématique dans la nouvelle de Clive Barker, intitulée "*Dans les collines, les cités*", pp. 205 à 249 de *Livre de Sang*, Paris, Albin Michel S.A., 1987, où deux villages s'affrontent en des joutes sanglantes sous la forme de deux géants, chacun formé par l'entremêlement de tous les membres de chacune des communes, autrement dit nouvelle dans laquelle le devoir social est mis en cause en ce qu'il a de plus idiot et de plus abject (causer la mort inutile des hommes, des femmes et des enfants sous prétexte d'honneurs ou de gloire à des combats fratricides qui se résument en réalité à de séculaires - dans la nouvelles le combat est annuel depuis des siècles - et vulgaires batailles de clochers - la guerre étant ici assimilée à des jeux du cirque -). La scène du dernier épisode du *Prisonnier* où celui-ci monte dans le repère du numéro 1, rappelle également beaucoup l'atmosphère enfantine et paranoïaque de la scène où Joseph K. va visiter Titorelli dans sa tour (à la construction identique à la fusée du numéro 1); le passage qui relie le logis de Titorelli (qui est une mansarde dans les combles, en réf. directe au roman de Kafka, dans lequel les bureaux des représentants de la "*Loi*" sont installés dans les soupentes de la ville) au palais de justice et que Joseph K. découvre en sortant de chez le peintre a visiblement inspiré la scène finale de l'épisode 8 du prisonnier, dans laquelle il se retrouve, avec le numéro 2, dans un passage secret (symbole de l'arrachement du prisonnier au monde des "vivants", comme le dira le numéro 2), inconnu des habitants du Village et communicant avec le palais municipal; les couloirs par lesquels Joseph K. s'enfuit de cette tour, poursuivi par les enfants (symboles des Erinyes - Titorelli les nomme ainsi les "*griffes*" et les "*chatons*", identification classique dans l'Antiquité des Erinyes à des griffons, qui se retrouvera par ex. pour les Trois Gorgones vengeresses aux griffes acérées justement de *Malpertuis* de 1943 de Jean Ray - en même temps que, comme les membres du Village qui poursuivent comme des fous le numéro 6 dans l'épisode 8 du *Prisonnier*, symboles de la bêtise de la foule, menée à la mort par un chef, toujours lui-même fou, comme le Napoléon - et symbole par là même aussi bien du danger du conformisme qu'encore une fois du caractère normatif de la société moderne -, parangon de tous les chefs et père de la Mort, de l'épisode 15 - Titorelli dit également des enfants qu'ils "*appartiennent à la cour*" -), les couloirs donc par lesquels s'enfuit Joseph K., inspirés du tunnel du *Troisième homme* (1949) de Carol Reed (film dans lequel Welles tenait, ce qui n'est donc pas un hasard, l'un des rôles principaux), ont sans aucun doute possible été la source d'inspiration de McGoohan pour ceux du huitième épisode de la série (comme également, pour le symbolisme des masques, et le personnage, récurrent dans la série, du petit homme, plus ou moins implicitement identifié au croque-mort du début, *La main du Diable* de 1942 de Maurice

Tourneur, cinéaste bien connu des Anglo-Saxons pour sa carrière aux Etats-Unis, d'après Gérard de Nerval, oeuvre qui nous porte d'ailleurs à voir dans la fréquence des masques et des travestissements dans *Le Prisonnier*, cf. les épisodes 3, 8 et 14 à 17 et leur interprétation *infra*, notamment cette note-ci ainsi que les notes 33ss. et texte correspondant *infra*, l'évocation symbolique traditionnelle de la Mort - mort au monde, bien sûr, pour le numéro 6 -, Mort dont le caractère invisible, dans les voyages de la mythologie antique et du folklore médiéval au pays de l'au-delà, est traditionnellement représenté par le fait que son visage se cache derrière un masque, comme d'ailleurs souvent aussi dans les oeuvres romantiques, il suffit de penser aux nouvelles d'Edgar Allan Poe); la confrontation qui suit entre Joseph K. et l'avocat est à l'origine de celui entre le prisonnier et le numéro 2 dans ce même épisode de la série (on notera qu'après cet entretien, Joseph K. est emmené sur une plage, lieu récurrent dans *Le Prisonnier*); la confrontation entre l'avocat et Joseph K. se passe devant un écran blanc sur lequel défilent des diapositives représentant des images de tunnel (celui d'où vient de s'échapper le héros justement), ce qui a fourni l'iconographie à la scène finale de l'épisode 3 du *Prisonnier* (dont le titre, comme le principe du puzzle et des différentes possibilités, relevons-le de façon anecdotique, s'inspirent du roman *ABC contre Poirot* d'Agatha Christie). De fait, comme dans cette scène finale entre le mystérieux C (qui se révélera être le numéro 6) et le numéro 6, qui se passe dans une sorte de patio-rue à la topographie très curieuse et nettement fantasmatique (comme celle du rêve du héros dans *La Maison du docteur Edwardes* de 1945 d'Alfred Hitchcock), et comme dans la scène finale de l'épisode 8, qui peut être mise en correspondance avec la précédente, puisqu'elle se passe aussi entre un numéro 2 (cette fois c'est une femme, symbole de Mort, cf. ce que nous avons dit plus haut sur l'équation Mort-Femme-Ordinateur-Modernité - sur la femme comme symbole de modernité au XXème s., cf. notamment l'excellent ouvrage de Gilles Néret et Hervé Poulain, *L'art, la femme et l'automobile*, Paris, E.P.A., 1989 -) et le prisonnier, le dialogue entre Joseph K. et l'avocat est le suivant: l'avocat dit à Joseph K. qu'il est déjà mort puisqu'il veut (selon lui) se faire passer pour fou et que c'est là son but en tenant tête au tribunal et en parlant de complot contre lui; Joseph K. lui répond qu'en réalité c'est l'avocat et la société pour laquelle il travaille qui sont morts, car ils cachent la vérité, et que le complot c'est cela justement. Joseph K. ajoute qu'il ne veut pas se faire passer pour un "*martyr*", qu'il a perdu son procès et qu'il le sait. L'avocat lui demande s'il se prend pour une "*victime de la société*", ce à quoi Joseph K. répond qu'il est un "*membre de la société*", et que la conscience qu'il a de cela, les mensonges de l'avocat ou de la cour ne pourront pas le lui faire oublier. On voit donc que le dialogue entre les deux personnages est en fait celui qu'on retrouvera, exactement dans les mêmes termes, dans *Le Prisonnier*, à savoir un débat sur le rapport de l'individu à la société, et de la reconnaissance qu'il peut en attendre. Alors qu'au début de l'entretien, Joseph K. insiste (comme il le fait précédemment lors de la deuxième rencontre avec sa cousine, révélant explicitement qu'il pense que sa situation sociale le préservera de cette parodie de justice) sur le fait qu'il est directeur adjoint (autrement dit qu'il a un poste attestant son honorabilité et sa conscience sociale), l'avocat lui oppose qu'il est déjà mort, ce qui n'est pas une menace, mais signifie qu'il a fini de servir la société et qu'en voulant se battre contre le tribunal, en voulant connaître la "*Loi*", comme le dit l'avocat, Joseph K. s'est lui-même condamné. Ce débat entre les deux hommes, comme le début du film, dans lequel, sans qu'il sache pourquoi, Joseph K. est réveillé par des policiers qui entrent chez lui, le questionnent et veulent lui voler ses affaires, en l'accusant d'il ne sait quoi, sont révélateur de la tension de l'époque. Il s'agit bien évidemment là d'une allégorie du macchartysme, ce dont témoigne l'habillement typiquement américain de ces policiers nonchalants aux feutres mous (bien que le film ait été tourné en France avec des acteurs français, à l'exception d'Anthony Perkins dans le rôle principal). La "*Loi*" qu'on ne doit pas chercher à connaître, symbole de l'iniquité de la société contemporaine, c'est ce que Joseph K. a nommé, à propos du tableau commandé par l'Etat à Titorelli et représentant la Justice aveugle avec des ailes aux pieds (or, dit Joseph K., la Justice doit être immobile, sinon elle est inique, ce à quoi Titorelli répond que c'est un travail de commande mêlant les iconographies de la Justice et de la Victoire), la "*déesse de la chasse s'égosillant*", comme on l'a dit (cf. *supra* sur le symbolisme fluctuant de cette Justice-Fortune - de plus, lorsque Joseph K. veut prendre les livres de droit dans la salle du tribunal, il s'aperçoit qu'ils sont couverts de poussière, et quand il les ouvre qu'il s'agit de livres de photographies pornographiques, les deux éléments sont bien sûr totalement contradictoires car, si les juges amenaient là des livres pornographiques plutôt que de les garder chez eux, on suppose au moins que ce serait pour les lire, cependant sur le plan symbolique l'aspect au premier abord poussiéreux des livres sert à marquer la mort de la Justice dans le monde moderne, ou l'univers fantasmagorique si l'on préfère, du film, et en second lieu le fait qu'il s'agisse de livres pornographiques permet à la fois de comprendre pourquoi ils ne servent à rien aux juges et sont donc couverts de poussière, mais aussi que la justice, remplacée jusque dans le tribunal par des livres obscènes, est belle et bien définitivement morte -). Propagandiste donc, la Justice contemporaine (et macchartyste) l'est, et remplace la Justice par une justice d'Etat, c'est ce que veut dire Welles. McGoohan en tirera une problématique beaucoup plus générale de critique, non pas d'un Etat particulier, mais de l'ensemble de la société contemporaine, et du statut de l'individu dans le système productif moderne. Néanmoins, la dialectique reste la même. Ainsi dans les deux épisodes (3 et 8), précédemment cités en comparaison avec l'entretien de Joseph K. avec l'avocat, le prisonnier s'oppose-t-il au numéro 2 en ce que, voulant tenir un rôle social (ce qui est très sensible dans les épisodes 4, 9 et 12 - dans le 4, le prisonnier veut être élu pour rendre la liberté à tous les autres, dans le 9, il sacrifie sa possibilité d'évasion pour aller chercher ses compagnons de fuite, qui s'avéreront l'avoir trahi, dans le 12, il souffre de n'être plus reconnu -), il considère que son devoir est celui de vigilance, alors que le numéro 2 prétend au contraire que son devoir devrait être celui de soumission à la "*Loi*" du Village. La question de la paranoïa, que McGoohan, définit comme la volonté d'être libre dans la société moderne, cf. *infra*: "*La série avait été conçue de manière à "laisser croire" que le Numéro 6 combattait les forces qui lui étaient opposées dans le seul but de demeurer totalement libre, et totalement lui-même. Bien entendu, c'est une chose impossible car, dans ce cas, la société serait envahie par des individualistes effrénés et ce serait l'anarchie... Mais la conclusion essentielle était que, notre principal ennemi n'est pas extérieur à nous-mêmes: c'est le Numéro 1*", Carrazé et Oswald, loc. cit., p. 6. De plus, "*A un niveau élémentaire, nous sommes prisonniers du besoin que nous avons de nous nourrir et de dormir, sans quoi nous mourons*", *ibid*. De même, chez Welles déjà, lorsque Joseph K. dit à l'avocat qu'il se passera désormais de ses services (car, confie-t-il à la maîtresse de ce dernier, après avoir vu un autre accusé, Bloch, ramper devant l'avocat, il ne veut pas en devenir, comme lui, le "*chien*"), l'avocat répond que "*Porter des chaînes est parfois plus sûr que d'être libre*" (or, selon une problématique identique à celle qu'on retrouvera dans *Le Prisonnier*, c'est en choisissant d'être libre - forme de paranoïa donc, selon McGoohan - que Joseph K., du moins dans l'interprétation par Welles du roman de Kafka, choisira un destin tragique, comme les héros classiques, et mourra). En d'autres termes, la folie est le débat entre la volonté individuelle et la pression sociale collective, et le danger de mort (symbolique) est donc, tant au niveau individuel que collectif, double, ne vouloir en aucun cas répondre aux exigences nécessaires à la vie communautaire, ou alors abandonner sa personnalité - son libre arbitre - au profit d'une raison d'Etat suspecte (ce que rend bien la réminiscence douloureuse pour le prisonnier qu'il a d'avoir dû lancer une bombe lors de la guerre). C'est ce que nous disent concurremment Welles et McGoohan (d'ailleurs, comme le prisonnier sera pris à plusieurs reprises dans la série pour un gardien - de qui causera sa perte dans l'épisode 9 -, Joseph K. est pris chez Welles pour un juge, ce qui lui donne l'occasion, comme le prisonnier la prendra quand ce type de confusion le mettra en position de force pour développer ses idées devant une foule toujours prête à écouter ses maîtres - dans l'épisode 4 notamment -, de critiquer vertement le caractère "*ignoble*" de "*leur*" (on notera que, comme le prisonnier, il n'accepte jamais de se soumettre à la loi arbitraire des *autres*) *système judiciaire vu de l'intérieur*"). C'est pourquoi il est tout à fait significatif, pour en terminer, de constater que, pris d'une crise de folie irrépressible - rendue sous la forme d'un rire nerveux (qui fait écho au rire de l'avocat quand il déclare à Joseph K. qu'il est plus sûr d'être enchaîné que libre, ainsi qu'au rire du numéro 2 quand le prisonnier affirme être un homme libre à la fin du générique de la série) -, Joseph K., amené par deux hommes sur une plage, meurt ou les fait mourir lors de l'explosion d'un bâton de dynamite qu'ils lui avaient lancé pour le tuer. La réponse n'est pas clairement donnée par Welles, ou plutôt, l'ambiguïté est soigneusement entretenue par lui - bien qu'on comprenne, par rapport à la typologie du film et en réf. au roman de Kafka, qu'il s'agit d'une forme de suicide (de fait, les deux bourreaux tentent, semble-t-il, tout d'abord d'inciter Joseph K. à ce suicider, celui-ci leur disant que c'est à eux de le tuer et qu'il refuse de leur simplifier la tâche, mais, lorsqu'ils lui lancent le bâton de dynamite, il ne fait aucun geste pour leur renvoyer, mais, pris d'un fou rire, se contente de le prendre en main et de se mettre debout - il s'était allongé pour attendre d'être exécuté -), ou plutôt d'une *auto-destruction libératoire*, nous insistons sur ce point, auto-destruction libératoire qui chez McGoohan deviendra encore beaucoup moins claire mais procédera du même symbolisme, cf. *infra* -, car il joue sur la double mort, évoquée lors de l'entretien final entre l'avocat et Joseph K., de la société et de l'individu, cf. *supra*. Or cette fin, curieuse si on la prend littéralement (en effet, il eut été plus simple de le tuer d'une balle de revolver - ou, comme les deux hommes voulaient tout d'abord le faire et comme c'est le cas dans le roman de Kafka, d'un coup de couteau -), se comprend sur le plan symbolique, puisque`l'explosion évoque le fameux champignon atomique, la bombe venant alors d'être découvert une quinzaine d'années seulement auparavant. Bien évidemment, cette explosion symbolique finale est à l'origine de celle du Village dans la série de McGoohan, dont nous étudions la symbolique notes 24-25 et 40-41 *infra*. La fin identique du film de Welles et de la série de McGoohan (bien que celle-ci soit quand même nettement plus ludique et optimiste que celle de Welles, cf. notes 24-25 et 40-41 *infra*) révèle aussi l'impossibilité de concilier les exigences sociales avec l'individualisme, selon le principe de *culpa*-bilité attribué aux deux héros et sensible aussi bien dans la fin de l'épisode 8 de la série (inspirée, comme on l'a vu, du couloir d'échappement du logement de Titorelli chez Welles), symbole de la mort sociale du prisonnier, que dans la culpabilité que ressent Joseph K., aussi bien la culpabilité psychanalytique sur laquelle nous nous sommes attardés, que la culpabilité qu'il ressent vis-à-vis de la punition des policiers qui sont fouettés dans un réduit pour avoir tenté de le voler, et mais qui l'accusent sans vergogne.

[6]Mais aussi, de façon plus ponctuelle, la télékinésie, le "rêve éveillé" (d'une certaine manière, l'ensemble des aventures du numéro 6 en est un), etc. (on trouve même une allusion explicite aux diverses versions filmographiques de *Frankeinstein*, dans le troisième épisode, lors de l'arrivée nocturne du prisonnier au laboratoire du numéro 2). *Le Prisonnier* est ainsi assez atypique; en effet, la plupart des séries de science-fiction de l'époque (et des séries en général) ont un *concept* rigide (par ex. la rencontre avec les extraterrestres dans *Star Trek*, qui occasionne une affirmation permanente de la foi dans *Cosmos: 1999*, l'apologie manichéenne et assez simpliste de la police, associée à un certain oecuménisme racial et à une stigmatisation du mouvement hippy dans *L'Homme de fer* de 1967-1975 et 1993, la défense d'un innocent accusé à tort, par procès final spectaculaire, dans *Perry Mason*, ou bien encore le huis-clos psychologique qui fait se resserrer petit à petit l'étau sur le coupable dans *Columbo*, et dans ces deux derniers, le long prologue qui sert à situer l'action dans une vision psychologique et sociale des personnages, et qui, servant ainsi à "faire vrai" - pour paraphraser Roland Barthes à propos du roman moderne -, utilise le même *procédé* que les téléfilms, notamment policiers, inspirés de faits réels, etc.); comme en avait d'ailleurs *Destination Danger* (les aventures d'un espion dans des pays chauds, et le mythe patriotico-colonialiste des pays industrialisés-gardiens du monde, comme dans *Mission: Impossible* ou même dans *Les Mystères de l'Ouest*, séries toutes deux de 1966). Ainsi, lorsqu'on a relevé, assez justement, la correspondance entre "*Obsession*" (épisode n° 14 de la deuxième saison de *Destination Danger*) et la thématique propre du *Prisonnier*, il aurait été nécessaire de préciser que cet épisode faisait partie de ce *concept* propre à chaque série. Il est courant en effet d'avoir, dans des séries policières, un épisode ou deux sur la parapsychologie ou le fantastique (c'est le cas dans *Le Saint*, avec, par ex., un épisode sur le monstre du Loch Ness, dans *Drôles de Dames*, ou même dans *Le Prisonnier*, on pense au cinquième épisode, traitant entre autres de la télékinésie). Il faut d'autre part noter que, si *Destination Danger* fournit une base évidente de données thématiques au *Prisonnier*, cf. *infra*, les deux séries sont totalement opposées; la première n'étant qu'un feuilleton manichéen au thème assez binaire de propagande britannique politico-néo-colonialiste, cf. par ex. l'excellente interprétation de Jacques Baudou, "*John Drake ou Une morale*

de l'espionnage", pp. 16 à 22 de Jean Baudou et Philippe Ferrari, *Destination Danger*, Paris, Huitième Art, 1991; même si, comme on s'est souvent plu à la rappeler (et McGoohan lui-même), John Drake est un héros plus psychologique que James Bond (au-delà de leur goût commun, et très britannique, pour l'humour), cf. également l'article de Philippe Ferrari, "*John Drake: l'anti-James Bond*", pp. 28 à 30 de Baudou et Ferrari, *ibid.*, et l'entretien avec McGoohan, pp. 11 à 14. C'est justement son écart par rapport à *Destination Danger* qui, entre autres, donne, par contrecoup, son aspect atypique et très "intellectualiste" au *Prisonnier*, en marge du jeu des références littéraires ou filmographiques. On notera cependant que la plupart des héros, notamment britanniques, des années 1960-1970 sont, comme Drake, non violents. C'est le cas de Simon Templar, de John Steed et de Lord Brett Sinclair et Dani Wilde. Dans le domaine américain, il en va de même, le fugitif comme, curieusement et sans doute symptomatiquement, les héros de *Mission: Impossible* ou des *Espions* et des *Espions très spéciaux*, sont psychologues et n'usent que rarement de la violence, encore est-ce plus souvent en en venant aux poings qu'en utilisant proprement des armes. Il est donc possible de considérer cette "non violence" affichée des héros de l'époque comme un effet de la censure: d'une part, le pacifisme des personnages principaux de *Mission: Impossible* ou même de *Chapeau melon et bottes de cuir* sert en réalité à opposer les héros, non violents, et les "méchants", qui, au contraire très portés sur les supplices, sont le plus souvent des dictateurs latino-américains (*Mission: Impossible*) et plus généralement des pays du tiers-monde (*Destination danger*), des espions russes ou des anciens nazis (*Chapeau melon et bottes de cuir*); d'autre part, il était sans doute impensable que des héros télévisuels, qui par définition devaient servir de modèles, offrent une image négative ou, du moins, violente, à la jeunesse. Les héros des films - le cinéma étant destiné essentiellement aux adultes (en tous les cas les enfants n'accompagnant pas forcément les adultes) - pouvaient, *a contrario*, plus facilement se permettre une certaine brutalité. Ceci n'empêche cependant pas que, comme en atteste notamment la parodie de fusillade du dernier épisode du *Prisonnier*, celui-ci soit un "anti-Bond". De fait, il est autant un anti-Bond qu'il est un anti-Drake, car, à l'inverse de ces deux héros, paradoxalement (quand on sait l'influence qu'il a eu sur toute une génération) il ne se veut pas manichéen. Mais surtout, comme on vient de l'évoquer, et de façon plus déterminante, le prisonnier n'est pas un héros favorisant la propagande anti-communiste et néo-colonialiste de l'Ouest. En cela il se distingue profondément de Drake et de Bond, et c'est sans doute cet aspect dérangeant du prisonnier qui obligea McGoohan à s'exiler un temps, pour se soustraire à la vindicte populaire, après la diffusion du dernier épisode, dans lequel les spectateurs n'ont pu découvrir aucun Docteur No, aucun Spectre, ni même aucun Klingon (les trois, comme on le sait, symbolisant les communistes, respectivement dans les séries des films de *James Bond* avec Sean Connery et dans celle, télévisuelle, *Star Trek*). Ainsi, loin du manichéisme personnel d'un héros comme Robert Dacier ou politique comme Drake, Bond ou même les héros de *Star Trek*, le prisonnier est un héros sombre, un "chevalier de la nuit", cf. notes 11, 17 à 23 et 40-41 *infra*, et c'est là aussi sans doute pour cela que, comme Darkman, il nous touche personnellement plus intimement.

[7] Carrazé et Oswald, op. cit., p. 6.

[8] Le très sardonique leitmotiv (qui est en partie cause de la popularité de la série) "*Be seeing you*", qui marque à la fois une forme de politesse sociale et paradoxalement en l'occurrence, un désintérêt sardonique pour les autres (ou pour l'*Autre*, on y reviendra), le prouve. Barthes écrivait que dire bonjour faisait partie de ces *signes vides - de sens -*, qui ne servent qu'à *indiquer* à l'autre qu'on fait attention à lui, mais cette politesse sociale apparaît en fait comme le symbole de la pression sociale sur l'individu, anonyme et sans intérêt, numéroté. La version française, en employant une formule plus atypique et moins courante dans le langage de tous les jours, ne rend pas cette notion, pourtant importante pour McGoohan, comme le montre la dédicace finale de son entretien avec Carrazé et Oswald, op. cit., p. 8: à la question "*Mais VOUS, êtes-vous un prisonnier?*", il répond en effet "*Je suis un homme libre ET je suis un prisonnier... qui combat avec beaucoup de bonheur. Chaque jour est un commencement* (on notera dans cette formulation le ton du prédicateur, cf. *infra* sur l'importance de la formation religieuse de McGoohan dans *Le Prisonnier* - bien que, juste à la

question précédente, à propos des nombreux fans de la série, McGoohan mette en garde contre *"les cultes"* dont *"il faut toujours se méfier"* -) *et, comme on dit, "be seeing you"".* Le numéro 6 est donc à la fois un animal social, prisonnier de ses propres implications sociales (c'est particulièrement sensible dans le neuvième épisode), et un homme libre de tout de voir, et donc dangereusement asocial, comme nous le répète la série, cf. note 47 *infra.* A ce propos, on notera que le générique de la série états-unienne *2267, Ultime croisade* de 1999 de Jerry Apoian, avec Garry Cole, reprend, à l'inverse (puisque ici la question est clairement plutôt celle de l'appartenance, et non de l'éloignement par rapport à un groupe ou une nation), l'échange entre le prisonnier et le numéro 2, extrait du premier épisode et sur lequel s'ouvrent, en *voix off*, l'ensemble des autres épisodes de la série de McGoohan.

[9]C'est évident lorsqu'on prend la peine de lire le texte inscrit sur l'enveloppe de la lettre de démission du prisonnier; on croit qu'il s'agit d'un texte "révélateur", puisque l'image va trop vite pour qu'on puisse rien voir et à cause de la multitude de signes qui la recouvrent, mais en réalité, il n'y a d'écrit que des "syntagmes" du genre *"en main propre"* ou *"personnel"*. On peut donc déjà en déduire que le message immédiat du prisonnier n'est qu'un leurre, comme on le verra, il n'y a pas de camp adverse, il n'y a pas de révélation sur les motivations de la démission du numéro 6, il n'y a même pas de séquestration (autre que sociale, *"L'enfer c'est les autres..."*). C'est ainsi notamment que s'explique le faux message de l'enveloppe, qui laisse le téléspectateur toujours insatisfait sur l'impression que ces écritures (en ce qu'elles ont un pouvoir de révélation magique, cf. par ex. Marco Mostert, *"La magie de l'écrit dans le Haut Moyen Age"*, pp. 273 à 281 de *Haut Moyen-Age - Culture, éducation et société*, La Garenne-Colombes, Erasme, 1990) pourraient lui offrir un quelconque élément de réponse, se trouve en fait en face d'un canular-avertissement, qui le prévient, de manière sibylline, de chercher ailleurs l'explication du message-symbole de la série.

[10]Et dans l'art, cf. par ex. le *Ballon rouge* de Paul Klee, etc., pp. 664 de Gina Pischel, *Histoire Mondiale de l'Art*, Paris, Solar, 1976, (ou bien cf. encore p. 719, la *Grande sphère* d'Arnaldo Pomodoro). En outre, sa couleur blanche, c'est-à-dire atone, indique son caractère surnaturel. L'arrêt immédiat de l'activité du Village lorsque la boule apparaît, comme son pouvoir de mort, révèlent aussi bien la promptitude de ses intervention que son aspect inévitable et imprévisible (c'est-à-dire brusque et inopiné, ce dernier est cause de la peur qu'elle engendre), en l'identifiant ainsi à la roue de Fortune (sur la rapidité inattendue des effets de la Fortune, et son lien à la Mort, cf. par ex. Boèce, *Consolation de Philosophie*, Paris, Rivages, 1989, Pierre Courcelle, *La Consolation de Philosophie dans la tradition littéraire - Antécédents et postérité de Boèce*, Paris, Etudes Augustiniennes, 1967, voir indications p. 423, Italo Siciliano, *François Villon et les thèmes poétiques du Moyen Age*, Paris, Librairie A.G. Nizet, 1971, pp. 281 à 311, Alberto Tenenti, *La vie et la mort à travers l'art du XVème siècle*, Paris, Serge Fleury-L'Harmattan, 1983, pp. 34ss., Raimond Van Marle, *Iconographie de l'art profane au Moyen Age*, La Haye, Martinus Nijhoff, 1932, t. II, pp. 177 à 202). Ce symbolisme divin du globe (que l'on retrouve encore au XXème s., chez Fellini ou chez Philip K. Dick par ex., cf. *infra*) vient directement de l'Antiquité. En effet, dans la théologie babylonienne déjà, puis dans le mithriacisme et dans la philosophie grecque, le *"globe étincelant qui nous verse sa lumière"* était *"l'image toujours présente de l'Etre invisible* (Shamash, le dieu Soleil, équivalent de notre Yahvé), *dont notre raison seule connaît l'existence"*, cf. Franz Cumont, *Les mystères de Mithra*, Paris, Ed. d'Aujourd'hui, 1985, p. 130. Mais on pourrait nous rétorquer que cette réf. à la roue de Fortune est un peu ancienne. Cependant, un élément important vient confirmer notre interprétation. En effet, outre le fait que l'image du cercle est reprise, dans la série elle-même, par le grand bicycle, autre emblème du Village et "logo" des badges de ses habitants, chez Dick, sans nul doute l'un des plus importants auteurs de science-fiction, dans un nombre assez impressionnant de nouvelles pour que cela fasse sens, la sphère, dans un nombre important (notamment de voyage dans le temps - or on sait que dans la théologie classique, le Temps est l'attribut de Dieu, l'espace étant celui de l'homme, ainsi par ex. Dick cite-t-il le *Timée* de Platon -), symbole d'une société robotisée (selon la version de McGoohan et de Don Chaffey, le rôdeur aurait d'abord dû être un véhicule amphibie, cf. *infra*), ou parfois, ce qui,

à notre sens, revient au même, soit à une "*boule de lumière flamboyante... dans une aura d'une splendeur chatoyante*", "*Comme le soleil à midi. Une forme blanche, terriblement grosse dans le ciel*", soit à une prison de verre (une "*bulle-monde*", comme Dick la nomme - thème qui réapparaît couramment dans la littérature de science-fiction, citons par ex. la "*ville-bulle*" qui sert de cadre au roman de Jean-Pierre Fontana, *Shéol*, Paris, Denoël, 1976 -) dans laquelle est retenue la civilisation, par une main divine, cf. Dick, nouvelles complètes, Paris, Denoël, 1986 à 1990, *Le crâne*, pp. 18 et 186, *Le Grand O*, pp. 162 et 194, *Un auteur éminent*, p. 33, *Souvenir*, pp. 82, 160, 204, 219, 243 et 250 (dans la dernière nouvelle de ce recueil, "*Le Monde de Jon*", Dick identifie la sphère, en l'occurrence un vaisseau temporel, au "*Moteur Premier*", c'est-à-dire à "*Dieu*" selon la terminologie aristotélicienne, et le héros trouve dans la sphère temporelle l'explication des "*visions mystiques des saints du Moyen Age*", des "*visions de l'enfer... et celles du paradis*", cette explication "*métaphysique*", de l'aveu même de Dick, est d'ailleurs récurrente dans son oeuvre pour ce genre d'engins, cf. par ex. aussi "*Le crâne*", on ne saurait avoir meilleur preuve de l'aspect profondément religieux du symbole de la sphère dans la science-fiction), *Au service du maître*, pp. 39 (Dick parle ici du "*tour de roue*" pour définir les cycles de l'humanité, ce qui ne saurait nous laisser indifférents), 45, 140, 223, 235 (Dick parle de vaisseaux "*oeufs*", ce qui implique un caractère génésiaque de la machine - cf. notamment la naissance de Mithra -, dans ses nouvelles, la machine apparaît souvent comme antérieure, ou voulant se faire passer comme antérieure, à l'homme, cf. par ex. "*La Nanny*") et 300 (dans cette nouvelle, comme dans "*La Nanny*", Dick insiste sur le caractère belliqueux et donc, selon lui, anti-humain des robots), *L'Oeil de la Sibylle*, pp. 37-38 et 184. Ce symbolisme de la sphère ou de la boule transparente (ou blanche, "couleur" de la lumière divine, comme dans *Le Prisonnier*) est d'autant plus évident que la sphère se retrouve, bien que sans le caractère systématique d'objet divin que semble justement lui prêter Dick, dans des utilisations approchantes chez d'autres auteurs de science-fiction de la même époque - elle sert ainsi par ex. à voyager dans l'espace pour Robert A. Heinlein, *Citoyen de la galaxie*, Paris, Presses Pocket, 1982, p. 212 -. Ainsi, chez Dick, les machines-robots cylindriques, belliqueuses et anti-humaines (Dick oppose les vrais hommes aux êtres violents et dangereux tel Adolf Hitler, symbole récurrent chez lui comme chez Stephen King - et repris par McGoohan à propos du numéro 1, cf. note 11 *infra* -, Hitler qui, selon Dick, est l'image même de l'homme-robot, c'est-à-dire privé de sentiments humains), souvent identifiées à des boules lumineuses (blanches donc, comme le rôdeur lui-même, mais ce qui correspond ici clairement pour Dick à une identification entre les sphères et Dieu, qui, selon la théologie classique, "*est lumière*", ainsi qu'on le sait), à des robots surveillants les hommes ou à des machines à remonter le temps, parfois les trois à la fois, et auxquelles sont souvent attribuées des qualités mantiques, apparaissent donc bien comme les images contemporaines de la sphère (ou de la "*roue*", puisque Dick lui-même en parle, ainsi que nous l'avons dit) de Fortune. Les sphères de Dick sont donc, comme le rôdeur de McGoohan, l'image même de la Némésis des hommes, mais cette fois, cette Némésis sphérique ne correspond plus tout à fait au symbole classique de la roue de Fortune (sur - ou sous - laquelle succombent les hommes), mais est plus précisément alors l'expression de la civilisation contemporaine, moderne Némésis en ce qu'elle apparaît comme carcérale car robotisée (et, donc, déshumanisée) - ce que McGoohan nommera, justement à propos du rôdeur, "*la Bureaucratie sans visage*", cf. Carrazé et Oswald, op. cit., p. 7 -. Sur ce symbolisme némésiaque, dépersonnalisé et macabre (sur l'aspect macabre du *Prisonnier*, cf. notamment les huitième et quinzième épisodes, que nous étudions *infra*) de la sphère dans l'iconographie de la période moderne, cf. par ex. Pascal Arnaud, "*L'image du globe dans le monde romain*", *Mélanges de l'Ecole Française de Rome - Antiquité* (*MEFRA*), t. 96, 1984, fasc. 1, pp. 56 à 116, notamment p. 67; Jean-François Baillon, "*Images et imaginaire du génie scientifique à travers les portraits d'Isaac Newton en France et en Angleterre au XVIIIème siècle*", *Revue de la Bibliothèque Nationale de France*, Paris, n° 4, hiver 1994, pp. 25 à 29; Jurgis Baltrusaitis, *Le Moyen Age fantastique - Antiquités et exotismes dans l'art gothique*, Paris, SPADEM et Flammarion, 1981, chap. VI "*Prodiges extrême-orientaux*", Ière partie "*Dieux extrême-orientaux, leurs supports, leurs auréoles. Divinités à bras multiples et Nâga. L'arbre de Jessé avec des personnages assis sur des calices de fleurs. Auréoles de cristal. Le cosmos transparent. L'homme dans un bocal*", pp. 194 à 202; Baltrusaitis, *Réveils et Prodiges - Les métamorphoses du gothique*, Paris, SPADEM et Flammarion, 1988, chap. 7 "*Le monde transfiguré*", 1ère et 2ème parties "*Le monde transfiguré par le cosmos*" et "*Mappemondes et cartes*", pp. 240 à 258; Ingvar Bergström, "*Homo Bulla - La boule transparente dans la peinture hollandaise à la fin du XVIème siècle et au XVIIème siècle*", *Les Vanités dans la peinture au XVIIème siècle*, catalogue de l'expo. qui s'est tenue du 27 Juil. au 15 Oct. 1990 au Musée des Beaux-Arts de Caen, ouvrage réalisé sous la dir. d'Alain Tapié, Caen, Musée des B.A., 1990, pp. 49 à 54; et Catherine Hofmann, Danièle Lecoq, Eve Netchine et Monique Pelletier, *Le globe et son image*, Paris, Bibliothèque Nationale de France, 1995. On peut donc résumer en disant que la sphère, aussi bien chez McGoohan que dans l'ensemble de la symbolique traditionnelle (dont on trouve la source dans les cinq corps platoniciens), représente l'univers, et en l'occurrence du monde (pour la période moderne, cf. Arnaud, op. cit., et Baltrusaitis, op. cit.), qui, soumis à la Némésis divine, en offre l'image symbolique (par contamination probablement de l'iconographie de Fortune sur le symbolisme du globe) comme le ferait un miroir (cf. Bergström, op. cit.). Ainsi, comme on l'a montré à travers l'ex. de Dick, mais on le voit de manière beaucoup plus générale, dans la mentalité populaire (dont Dick s'inspire, inconsciemment sans doute, pour attribuer à la sphère le symbolisme qu'il lui prête constamment), le globe, qui figure le cosmos, représente par conséquent, pour utiliser une terminologie aristotélicienne et avicenienne, à la fois la sphère divine (le moteur primordial) qui dirige le monde et le train du monde qui, y étant soumis, en reproduit la forme matérielle, comme en atteste toute la casuistique du Haut Moyen Age, cf. Marie-Madeleine Davy, *Initiation à la symbolique romane*, Paris, Flammarion, 1990, pp. 160-161, 168, 173, 186, 189 et 244. Sur la persistance de cette thématique dans la littérature de science-fiction, cf. aussi, outre Dick, l'ouvrage assez caractéristique nous semble-t-il de Gérard Klein (qui d'ailleurs s'inspire peut-être du *Prisonnier*?), *Les perles du temps*, Paris, Denoël, 1983. On remarquera en outre que le veilleur de McGoohan trouve un autre écho dans les ballons, récurrents dans la série, et qui renvoient à la fois à la ductilité de la vie, à l'aspiration vers le haut (la liberté, ils sont toujours lâchés), et au monde psychanalytique de l'enfance (comme par ex. dans certaines oeuvres de Fellini). Selon Valéry, op. cit., chap. "*Le "rôdeur": une bulle d'huile fortéenne*", pp. 41 à 48, le motif du "*rôdeur*" de la série télévisée apparaît pour la première dans l'ouvrage de 1939 d'Erik Frank Russel, *Guerre aux invisibles*, Paris, Denoël, 1988, devenu célèbre (c'est un classique de la science-fiction anglo-saxonne, et il fut réédité de nombreuses fois, cf. Valéry, *ibid.*, pp. 46-47 et note 5), et fut ensuite repris par beaucoup d'auteurs, notamment de bandes dessinées. A noter également l'intéressante généalogie que Valéry donne au chap. suivant, "*Echec et mat: le village ludique*", pp. 49 à 53, de la fameuse partie d'échec du *Prisonnier*, même si elle peut être contestée, du fait qu'elle s'intéresse plus à une réf. iconographique à l'illustration des oeuvres de Lewis Carroll, qu'à rendre l'origine du thème macabre de la partie d'échec, comme symbole du Destin des hommes. Non seulement on la trouve dans nombre de films contemporains (antérieurs ou non au *Prisonnier*), mais encore elle est un des motifs principaux de la première partie du *Mahâbhârata*, Paris, Garnier-Flammarion, 1985, Livre II, "*Les cours royales*", pp. 195 à 237. L'importance du roi et de la reine dans ce jeu permet aussi de renvoyer à son aspect fortement sociologique, cf. note 30 *infra*. Pour en revenir au motif du "*rôdeur*", si la démonstration de Valéry semble irréprochable quant à la généalogie de ce motif (bien qu'il n'accorde, là encore guère de valeur à la réf. à la boule de Fortune, pourtant typique de l'iconographie renaissante, cf. *supra*, et que l'on retrouvera notamment chez Fellini, comme on l'a dit), sa volonté de rapprocher les thématiques de Russel et de McGoohan semble largement plus qu'abusive. En effet, tout d'abord, chez Russel, les boules sont non seulement invisibles, mais *surtout* les maîtres du monde, alors que chez McGoohan elles sont blanches (elles sont donc visibles et ont un rôle de dissuasion, en d'autres termes, elles ne tiennent pas le rôle caché du maître suprême qu'est le numéro 1 chez McGoohan et que sont les Vitons chez Russel, même si les rôdeurs du *Prisonnier* comme les Vitons ont pour objectif de détruire les déviants, les premiers obéissent à des ordres, alors que les autres sont à la fois juges et bourreaux, cependant, ces distinctions de couleurs seraient parfaitement hors de propos et ridicules pour invalider la démonstration, par ailleurs fort juste, de

Valéry quant à l'origine littéraire et iconographique des "*rôdeurs*" du *Prisonnier*, d'autant que l'oeuvre de Russel comme celle de McGoohan est d'anticipation). De plus, les rôdeurs du *Prisonniers*, à l'inverse des Vitons, ne sont *que* des gardiens (donc des cerbères) et *non* des maîtres. Elles n'ont aucun pouvoir, ce sont de *simples exécutants*. D'ailleurs, quelle que soit l'origine réelle du rôdeur (selon McGoohan, c'est en voyant passer un ballon météo dans le ciel, après le naufrage d'un premier rôdeur qui aurait été, comme on l'a dit, un engin amphibie de type classique - mais dont on n'a aucune trace, ce qui met en doute le fait qu'un tel engin ait jamais dépassé le stade de projet -, qu'il eut l'idée de faire du rôdeur un ballon, et selon Don Chaffey, c'est lui qui eut l'idée du ballon blanc, un jour qu'il pestait contre les fonctionnaires, dont la bêtise lui rappelait celle des ballons blancs gonflés à l'hélium qu'ont les enfants, cf. Carrazé et Oswald, op. cit., pp. 213-214, et Valéry, op. cit., pp. 41ss.), il apparaît indubitablement, quelques soient les versions (et le crédit qu'on peut leur accorder), que le rôdeur était à l'origine conçu pour être un simple robot de contrôle (de tels engins sont classiques dans les oeuvres de science-fiction), symbole, comme par ex. dans les oeuvres de Dick donc, de la lourde machine administrative, qui enferme l'homme moderne dans une espèce d'univers carcéral (comme on le voit chez Kafka, cf. note 5 *supra*, dans les nouvelles de Nicolaï Vassilievitch Gogol ou encore dans l'étrange pièce *Messieurs les Ronds-de-cuir* de 1893 de Georges Courteline). En outre, de manière plus globale, l'ouvrage de Russel, fondée sur un manichéisme politique très net entre l'Est et l'Ouest (un peu, certes, comme *Destination Danger*), mais surtout sur une mise en scène somme toute classique, au moins aujourd'hui, au vu de la mouvance des films américains de science-fiction en noir et blanc et des "*comics*" sur les monstres venus de l'espace (on trouve d'ailleurs chez Russel beaucoup de motifs semblables à ceux des films et des "*comics*", telles que la destruction de la cité, la présence omnipotente des entités dans le ciel, etc...), l'ouvrage de Russel donc reste très éloigné du projet, lui-même très influencé par la mentalité anti-conformiste, égalitaire et libertaire de l'époque (encore en prise directe avec les rêves de Martin Luther King ou de John Fitzgerald Kennedy par ex.), de démonstration psycho-sociologique de McGoohan. Il convient là aussi de souligner que Valéry a tout à fait raison de considérer le "*rôdeur*" comme une image inspirée du pop-art (et des "lampes à huiles", très en vogue dans les années 1960), car à côté de l'aspect sociologique du *Prisonnier*, qui renvoie à des aspirations libertaires, l'aspect psychanalytique, comme la forme toute entière, de son oeuvre, quant à elles, marquent bien plutôt la tendance de l'époque pour le psychédélisme et la recherche de soi (sensible au travers de l'engouement pour l'ésotérisme oriental, aussi bien qu'au travers de la multiplication des films "ultra" et/ou para-psychologiques comme *Orange mécanique*, *Phantom of Paradise*, ou encore les films où interviennent des psychanalystes ou des tueurs en série, comme dans *Un frisson dans la nuit* ou *L'inspecteur Harry*). Cependant, comme on l'a dit, l'oeuvre de Russel reste du domaine de la pure science-fiction des années 1940-1960, c'est-à-dire avec ses monstres galactiques, le thème de l'invasion de la terre (rappelons-nous la peur provoquée par la mise en scène radiophonique de *La guerre des mondes* par Welles), et toutes ces figures fantasmatiques sans doute dues à la naissance d'un nouveau rapport de force mondial et au sentiment eschatologique de l'entre-deux guerres. A l'inverse, McGoohan ne nous introduit pas dans ce domaine précis de la science-fiction, qui est finalement assez proche de l'"*heroïc fantasy*" ou des "*comics*", puisque finalement, malgré les apparence, il nous place dans un domaine totalement imaginaire, ou plutôt dans un domaine où l'imaginaire apparaît comme inscrit dans le réel (il en va de même des séries *Star Trek* ou *Cosmos: 1999*, et plus généralement encore des oeuvres de science-fiction). McGoohan fait pénétrer des événements fantastiques et fantasmagoriques dans le monde réel ou du moins plausible de *Destination Danger*. C'est peut-être en cela que le cadre du *Prisonnier* a pu être interprété comme la continuation de la précédente série qui avait fait connaître McGoohan. De fait, l'espion qui voulait prendre des vacances, comme Alice, s'endort et se réveille dans un monde parallèle, avec des codes et des lois calquées sur les nôtres, mais visiblement poussées jusqu'à l'extrême ridicule. Ici donc apparaît on ne peut plus clairement la dichotomie entre Russel et McGoohan. Le premier raconte une histoire qui, certes, comme on l'a dit, relève d'une certaine façon des peurs de son temps (la guerre mondiale), mais où finalement, comme chez King (qui laisse toujours apparaître dans ses oeuvres ses positions sur le nazisme et la politique américaine contemporaine), la démonstration morale cède très clairement le pas à l'aventure imaginaire. A l'inverse, comme Voltaire dans *Candide*, ou Carroll dans ses oeuvres pour enfants, McGoohan, largement porté par la tradition purement anglaise du non sens, invite le spectateur à réfléchir sur la société contemporaine (les quinzième et seizième épisodes traitent de la guerre comme anéantissement des principes qui différencient l'homme de l'animal - McGoohan s'oppose là à toute la théorie philosophique depuis Grotius -, alors que les épisodes 4, 6, 9, 11 et 14 s'interrogent sur la liberté individuelle dans notre société politique, et que la plupart des épisodes, mais notamment les 1, 2 et 17, en posant la question du camp des maîtres du Village, nous interroge en retour sur l'existence réelle d'un "bon côté"). De la même façon que *Le Prisonnier*, la série *Chapeau melon et bottes de cuir*, juste antérieure, mettant en scène la société occidentale, et plus particulièrement anglaise, dans ses motifs les plus caractéristiques et constitutifs (notamment l'armée et les écoles de bon goût), bien que l'utilisation de la parodie dans cette dernière série vise plus à exprimer une certaine apologie de la tradition qu'à remettre en cause les bases mêmes de l'organisation sociale (en fait foi la bataille récurrente entre le modernisme, symbolisé par les ordinateur et les savants fous, et la tradition, symbolisée par Steed aussi bien que par les vieux militaires ou professeurs d'éducation, images désuètes et par là sympathiques - car individualisées - des institutions, à noter cependant que cette apologie des institutions deviendra un simple motif dans la seconde version, des années 1970, de la série). Finalement, on voit l'inopérant de la comparaison thématique entre Russel et McGoohan, puisque, simplement en ce qui concerne la forme, qui elle-même définit le fond de l'oeuvre (anecdotique pour la première, morale pour la seconde), on peut dire en reprenant la distinction générale de Roger Caillois, que, encore une fois contrairement aux apparences, *Guerre aux invisibles* est du domaine du merveilleux (c'est-à-dire où l'action se passe dans un monde merveilleux, ici celui de l'extrême modernité, où arrivent des événements également extraordinaires, ici le combat contre les troupes extra-terrestres qui ont de tout temps dirigé le monde sans qu'on s'en aperçoive jusqu'au moment du combat), alors que *Le Prisonnier* est du domaine du fantastique (l'immixtion dans le monde réel, ici la vie d'un espion démissionnaire, d'événements extraordinaires, ici l'arrivée au Village, espace carcéral et surtout fantasmagorique). Les gadgets du *Prisonnier* (dont notamment le téléphone sans fil) ne doivent pas nous tromper. Ils ne sont que des motifs, et de plus des motifs propres au Village (les rares fois où le prisonnier revient en Angleterre, les téléphones ont des fils, etc.). Alors que chez Russel, la science-fiction est une réalité permanente et inhérente au monde de l'avenir, résolument moderniste, qu'il évoque. McGoohan, qui joue sur l'ambiguïté aussi bien de ce point de vue que de celui du camp des maîtres du Village ou de la réalité même de ce Village, comme on le verra, cherche à fourvoyer le spectateur, car son oeuvre n'est pas de science-fiction, mais bien de morale (comme celle de Carroll, en cela la comparaison de Valéry prend toute son importance). Une fois établi ce fait, on en vient obligatoirement à constater que ce n'est pas dans la *Guerre aux invisibles*, qu'il faut chercher l'origine des motifs du *Prisonnier*, mais dans une oeuvre de George Orwell, à laquelle Valéry se contente de faire une vague réf. (comme à tant d'autres oeuvres de science-fiction). C'est dans *1984* de 1948, Paris, Gallimard, 1993, que l'on rencontre aussi bien la plupart des motifs du *Prisonnier* (autres que le "*rôdeur*", effectivement tiré de Russel), que l'origine de son point de vue uniquement critique et moral. Nous ne disons pas l'origine par hasard, car les tous premiers motifs du *Prisonnier*, pour la plupart abandonnés par la suite, et qui en font une réf. directe à Orwell, sont dans *1984* les statues dont les yeux vous surveillent, la propagande (et aussi la surveillance) audio-visuelle, la limitation de la vision circulaire du "*télécran*", l'endoctrinement, l'apologie de l'Ignorance et l'affirmation d'une Vérité unique valable pour tous, la présence consécutive de ce monde totalitaire d'un Ministère de la Pensée, etc., mais surtout le motifs récurrent de la noyade d'un dissident et des hélicoptères qui y assistent. Or dans le générique du *Prisonnier*, comme dans la plupart des épisodes, revient ce même thème du fugitif cherchant à s'échapper du Village par la mer, et rattrapé d'une part par les hélicoptères de surveillance et d'autre part par le "*rôdeur*" (dans le générique, c'est la noyade du prisonnier lui-même qui est montrée). Le Ministère de la Pensée chez Orwell fait par ex. penser aux épisodes 3, 5, 6 et 8 à 12 du *Prisonnier*, dans lesquels est mise en scène, sous diverses formes, la violation du cerveau des prisonniers (on retrouvera par ex. ce motif dans le film *Fortress*) et l'obédience grégaire du "*On*" (les prisonniers) à cet ordre imposé (comme le dit explicitement, à l'imitation de Martin Heidegger, le numéro 6 dans les épisodes 4, 8 et 9). On voit donc que le livre d'Orwell, à la différence de celui de Russel ne vise pas à raconter un simple récit de science-fiction, mais à poser un regard critique, et de mise en garde, contre la société capitaliste (comme il appelle lui-même le royaume de Big-Brother, divisé, comme le Village du *Prisonnier*, entre les esclaves, prisonniers, et les maîtres qui les surveillent, cf. l'épisode 4 de la série). Ainsi, comme on le verra, la morale du *Prisonnier*, qui se dirige contre la société en général (et non pas contre le bloc de l'Est, ce qui était habituel dans *Destination Danger*), rejoint directement le propos polémique (dont elle s'inspire directement) d'Orwell dans son livre (qui visait alors aussi bien le régime nazi que la constitution des deux blocs irréductibles, et donc la société "inégalitaire" en général). C'est ainsi qu'on comprendra qu'Orwell accuse la société capitaliste, comme McGoohan la société anglaise (dans sa constitution et ses institutions, cf. l'épisode 4, et son être propre, cf. les épisodes 2 et 7, où les ennemis sont explicitement les Anglais, ainsi que 1, 16 et 17), au travers de la réfutation de tous les symboles manichéens de l'Occident (cf. les épisodes 2, 4, 6, 8, 9, 11, et 14 à 17). Pour nous en convaincre, citons une partie du dialogue entre le prisonnier et le numéro 2 au tout début de l'épisode 8: "*N° 2:... Vous viendrez* (au carnaval)*? - P.: On me laisse le choix? - N° 2: Vous faites ce que vous voulez. - P.: Dans la mesure où c'est ce que "vous" voulez. - N° 2: Dans la mesure où c'est ce que la majorité veut! Nous sommes en démocratie... en un certain sens*", cité par Carrazé et Oswald, op. cit., p. 108. D'ailleurs, cette friction permanente entre la notion onto-théologique habituelle de la philosophie politique, et par suite de la politique, que le bien collectif se base sur la recherche du bien individuelle et que, pour que cela soit possible, il est nécessaire que l'Etat soit un être supérieur, investi de manière plus ou moins divine d'un pouvoir irréductible, ce que critiquant Jean-Jacques Rousseau, qu'il s'est pourtant empressé de suivre, Friedrich Hegel stigmatisait comme un visage anonyme, cette friction permanente donc se ressent très bien dans la terminologie employée lors de la conversation pré-électorale entre les numéros 2 et 6 face au peuple du Village, le numéro 2 réduisant l'individualisme du numéro 6 à une conscience nécessaire, et obligatoire envers l'institution sociale (en d'autre terme comme si la nation, le peuple, se confondait avec l'Etat, les dirigeants, et se devait d'être à la solde de celui-ci): "*Il y a eu, ces derniers temps, un semblant d'opposition envers nos élections libres. C'est dangereux pour notre communauté! Et ceci reflète une acceptation des choses telles qu'elles sont!.../... Mais nous avons la chance d'avoir avec nous un nouveau venu qui semble particulièrement militant et... individualiste... Gardons l'espoir qu'il ne reniera pas son devoir envers notre communauté*", cité par Carrazé et Oswald, *ibid.*, p. 66. On note la contradiction entre l'idée de liberté et le danger que représente l'opposition pour ces "*élections libres*". Cependant, lorsque le numéro 6 tente de faire valoir qu'il n'est pas un numéro mais un homme libre, *ibid.*, la foule s'esclaffe, l'empêchant de poursuivre, comme le fera le conseil parlementaire, qui rappelle, par sa forme inquisitoriale, les nombreux autres conseils auxquels a eu affaire le prisonnier au cours des autres épisodes, et dont l'iconographie est calquée sur celle de la Chambre des Lords, lors de l'épisode final. Ainsi, la liberté ne s'acquiert que dans le groupe, selon la théorie onto-théologique déjà citée. C'est pourquoi le peuple, répondant au numéro 2, *ibid.*, dit que ce que doit faire le Village pour régler cette désaffection politique (visiblement plus problématique parce qu'elle est un début de révolte contre le pouvoir en place, du fait qu'elle accepte qu'il s'auto-proclame par abandon et non par plébiscite - le tissu social sur lequel repose ce népostisme semblant ainsi risquer de se désagréger -) est de "*Progresser, progresser, progresser!*", terminologie néo-communiste, qui renvoie encore à l'idée que le progrès correspond en réalité à la régression vers l'autocratie pseudo-parlementaire (le numéro 2 représentant, visiblement comme le congrès du dernier épisode, le pouvoir exécutif du numéro 1) comme dans les théories politiques de Rousseau, Thomas Hobbes, Hegel, etc. On voit donc ici bien en quoi McGoohan accuse implicitement le gouvernement anglais (comme Orwell accusait le capitalisme). Cette opposition patente entre la conscience individuelle (qui n'est pas désintérêt de l'Autre, puisque dans l'épisode 9, le prisonnier, malgré son envie de s'enfuir seul, viendra rechercher ses compagnons d'évasion, qui l'auront d'ailleurs entre-temps trahi car ils le prenaient pour un surveillant déguisé en prisonnier et venu mettre à l'épreuve leur obéissance au régime en place) et les buts politiques se ressent parfaitement dans la fin de l'épisode 8 où, pendant qu'une bergère mène le peuple qui cherche à assassiner le dissident numéro 6 (la bergère servant à symboliser encore une fois ici le grégarisme collectif du peuple face à ses dirigeants, quelque soit le régime et l'époque), le numéro 2 identifie l'irréductibilité de la volonté du numéro 6 à sa mort sociale, elle-même équivalente de la mort véritable. L'épisode 12, qui identifie implicitement l'individualisme à une maladie psychopathologique (un médecin dira au prisonnier: "*Ce que vous pouvez être soupçonneux envers nous tous*", cf. Carrazé et Oswald, op. cit., p. 154, en d'autres termes donc paranoïaque), aboutira cette identification entre mort sociale et inexistence totale de l'individu, puisque le numéro 6, "légalement" déclaré "*individualiste*" par le conseil du "*Groupe Social*" se retrouve totalement seul, sans plus personne pour lui parler. Il fait alors mine d'accepter de se convertir, ce qui se passera devant un comité de psychologues et de psychiatres, *ibid.*, p. 157. Ainsi, le "*Groupe Social*" s'oppose-t-il donc explicitement ici à l'individu, et l'individualisme à une maladie psychiatrique. On notera enfin la similitude entre cette obligation de conversion dans la société contemporaine des dissidents au système inquisitorial (comparer par ex. à *L'aveu* et à *Z* de Costa-Gavras).

[11] Et c'est également pourquoi le nombre des épisodes n'a pas d'importance, et ne revêt donc, comme l'a écrit McGoohan, cf. Carrazé et Oswald, loc. cit., p. 8, pas de symbolique particulière sinon celle, que nous qualifierions de "médiate", de la renaissance, du rapport microcosme/macrocosme, et surtout de l'aspect constitutif de la société revêtue par ce nombre, cf. Jean Chevalier et Alain Gheerbrant, *Dictionnaire des symboles*, Paris, Laffont/Jupiter, 1988, art. "Dix-sept", pp. 360-361. Néanmoins, il est bien évident que si le dernier épisode se subdivise en deux (les seizième et dix-septième), ce n'est pas par hasard, et il s'agit d'une volonté délibérée de McGoohan, qui va au-delà des simples impératifs financiers dépendant du nombre d'épisodes achetés ou non par la production ou d'une manière éprouvée de faire durer le suspense; c'est pour cette raison que nous croyons nécessaire de quand même tenir compte de la symbolique du nombre total des épisodes (en effet, les onze comédiens qui se succèdent comme numéros 2 changent dix-sept fois, cf. Carrazé et Oswald, op. cit., p. 234 - on notera avec intérêt que, si les mutations successives des numéros 2 correspondent au nombre total des épisodes, le chiffre onze qui, symbolisant traditionnellement "*la conjonction des nombres 5 et 6, qui sont le microcosme et le macrocosme*", Chevalier et Gheerbrant, op. cit., art. "Onze", p. 705, reprend donc dans la série la symbolique du chiffre dix-sept, correspond également à dix-sept moins six-). Il est évident, à l'inverse, que le chiffre six relève d'une symbolique très précise dans la série. "*Pour Allendy, le sénaire marque essentiellement "l'opposition de la créature au Créateur dans un équilibre indéfini*"", Chevalier et Gheerbrant, *ibid.*, art. "*Six*", p. 888. De même que ces exégètes des symboles, McGoohan comprend visiblement le 6 comme l'image de cette dualité "*indéfini*". Ainsi, le 6 désigne l'Antéchrist dans l'*Apocalypse* johannique. Or, ce n'est sans doute pas un hasard si le prisonnier est habillé de noir (symbole notamment d'anarchie, cf. note 18 et texte correspondant *infra*), même au Village. En effet, même en costume de "vacances" - veste à bordure blanche, pantalon beige et chaussure de plage -, on ne voit le plus souvent que le haut de son habit, qui reste noir (cependant, cette opposition entre le clair et le foncé dans ses vêtements peut éventuellement être vu comme servant à mettre en évidence le caractère double du personnage, qui le définit à la fois comme un homme de la rue, un anti-héros, et un héros manichéen et volontairement caricatural - ce qui dans les deux cas revient au même -, cf. par ex. notes 25 et 40-41 *infra*, à la fois individualiste et altruiste, ce qui lui sera fatal dans le neuvième épisode, et à la fois anarchiste et ayant besoin des autres, comme cela est très net dans la fin du huitième épisode; dans le même ordre d'idée, nous reviendrons *infra* sur l'opposition entre le numéro 1 et le numéro 6, qui ne sont au fait que les deux faces du même personnage, comme le prouvera le dernier épisode - McGoohan désigne d'ailleurs explicitement le numéro 1 comme "*l'alter-ego du numéro 6*", cf. Carrazé et Osawlad, loc. cit., p. 7 -). Il s'inscrit ainsi, non seulement dans son individualité (se distinguant des autres protagonistes), mais aussi comme un prédicateur (le noir est l'habit traditionnel des ministres du culte), mais comme un prédicateur individualiste, donc "anti-social". Il est apparaît donc

comme un héros justicier de l'ombre, à l'instar de Zorro, Scarecrow (qu'interpréta aussi McGoohan, et dont certains traits le rapprochent très fortement du prisonnier, cf. note 20 *infra*), The Mask ou bien encore The Shadow. Les deux derniers épisodes nous permettrons de découvrir que le numéro 6 est bien la cause de son propre malheur, à ceci près, que si l'on se reporte à l'ensemble des épisodes (et notamment à l'avant-dernier), la découverte finale du "visage" du numéro 1 s'inscrit dans un débat continue entre l'homme et ses besoins propres d'une part et l'activité de l'Etat d'autre part. Ainsi, le chiffre 6, nombre de Vénus (de l'amour charnel) et de l'Antéchrist, et du "*Di-wah*", qui désigne César-Néron (dans les lettres hébraïques) et César-Dieu (selon les lettres grecques), universalise "*la démonstration, puisque l'histoire continue après la mort du Néron historique, non sans que de nouveaux Néron surgissent, et* (permet) *de voir dans le chiffre de la Bête le symbole du pouvoir ou de l'"Etat-divinisé"*", *ibid.*, pp. 888-889. En d'autres termes, "*l'"Hexaemeron" biblique...* (est) *le nombre de la création, le nombre "médiateur" entre le Principe et la manifestation*", *ibid.*, p. 889. Il n'est pas inutile ici de rappeler que McGoohan a reçu une formation de théologien, ce qui permet de comprendre le symbolisme qu'il peut donner aux chiffres dans son oeuvre. D'ailleurs, il le prouve lorsqu'il écrit qu'il aurait voulu qu'il n'y ait que sept épisodes à cause "*de la nature du "monstre"*", Carrazé et Oswald, loc. cit., p. 8; car il s'inscrit alors dans la double symbolique du chiffre 7, cf. Chevalier et Gheerbrant, op. cit., art. "*Sept*", pp. 860 à 865, chiffre de la réunification, du Ciel, de la plénitude de l'être (de la "*totalité humaine*"), mais en même temps de la peur devant le passage du connu (le monde matériel) à l'inconnu (le monde spirituel du divin), et la symbolique du chiffre 6, celle de l'opposition entre l'homme et l'Etat, entre la manifestation et le Principe. McGoohan, cf. Carrazé et Oswald, loc. cit., pp. 6-7, nous donne d'ailleurs la clé de cette double symbolique, lorsqu'il dit que le Village est le symbole de ce qui enferme chacun de nous et que le numéro 1 est la face cachée de nous-même (qu'il compare à Hitler) qu'il nous faut combattre. Il est évident que ce numéro 1, dont il précise qu'il essaie de gouverner le Village, est ce Village même, ce quelque chose qui nous possède. A l'inverse, dit-il, le numéro 6, "*totalement lui-même, totalement libre*", est le symbole de l'anarchie, impossible à vivre pour une société, faute de quoi elle se vouerait à sa propre destruction (sur cette opposition entre l'individu et la société, bien connue de la psychanalyse - notamment en ce qui concerne la formation et la socialisation de l'*ego* chez l'enfant - et de la linguistique, cf. par ex. Barthes, *OEuvres complètes*, Paris, Seuil, 1994, t. II, pp. 1599 à à 1613, et *Encyclopaedia Universalis*, Paris, éd. 1968, t. 6, art. "*Enfance - Nouvelles perspectives psychanalytiques*", pp. 218 à 222). Enfin, notons que McGoohan, interrogé sur les logos de la série (les "*gimmicks*") les interprète comme les "*paraphrases symboliques de certains faits de société*", qui renvoient à des "*références politiques et sociologiques*". On voit donc, à travers la simple symbolique des chiffres, que l'opposition irréductible entre l'individu et la société s'organise autour d'une psychomachie intérieure entre l'homme et ses propres aspirations, qui, par contrecoup, se trouvent en butte à la volonté collective (cette opposition, d'origine religieuse entre vie active et contemplative semble-t-il, reprend en fait, si l'on se reporte aux propres paroles de McGoohan précitées, l'opposition du *Contrat social* de 1762 de Rousseau entre le bien de tous, qui provoque l'anarchie, et le bien collectif, qui, à l'inverse de ce que Rousseau ou Hobbes postulent, réduit l'individu à un numéro contraint par le pouvoir arbitraire et anonyme d'un absolutisme plus ou moins démocratique, comme le montre McGoohan). Notons enfin que, d'une part, l'on retrouve le symbolisme de la plénitude de l'esprit réconcilié avec lui-même, mis en scène dans les deux derniers épisodes de la série, à travers les figures respectives et complémentaires du numéro 2 et du numéro 12 (comme nous le disons dans le texte), cf. Chevalier et Gheerbrant sur l'hexagramme chinois, loc. cit., p. 889, et que, d'autre part, l'irrésolution de l'opposition existentialiste entre l'individu et la société, révélée chez McGoohan par le chiffre"paradigmatique" 6 (dont l'importance est relevée par le geste de la main en forme de 6, sorte de salut militaire et donc "absolutiste", que les prisonniers utilisent pour se dire bonjour), trouve sa conclusion insatisfaisante (de fait, McGoohan, après la diffusion du dernier épisode, fut contraint de s'exiler pour échapper à la vindicte populaire) et "sartrienne" dans la découverte de la gémellité du numéro 6 et du numéro 1, elle-même associée à la révélation finale, bien qu'encore implicite, de l'identificaton entre le Village et l'Etat (et la société) anglais: dès le premier épisode, non seulement le prisonnier dit explicitement au numéro 2 "*je suis avec vous*" (ce qui, si cette phrase était toute seule, pourrait passer, comme il est logique de le penser, pour de la pure forfanterie, le prisonnier prêchant le faux pour connaître le vrai), mais encore dès cet épisode, son ami, agent secret comme lui mais ici aux ordres du village, le trahi, et dans le deuxième épisode, ce sont ses chefs eux-mêmes qui le trahissent à leur tour; en outre, ce qui est plus significatif encore, dans le dernier épisode, l'assemblée devant laquelle comparait le numéro 6 affecte, comme nous l'avons dit, l'aspect de la Chambre des Lords, et le numéro 2, après être sorti du Village, ira reprendre sa place au Parlement de Londres, cf. conclusion *infra*. Ajoutons que, dans le même ordre d'idées, il serait sans doute non moins intéressant d'établir le rapport typologique qui préside à la succession des épisodes entre eux. Ceci permettrait en effet, nous semble-t-il, de révéler la trame "inter-textuelle" de l'oeuvre. Cf. enfin *Le Rôdeur*, op. cit., pp. 4 à 8, sur le symbolisme macabre (qui rejoint celle du noir, comparer *ibid.* et texte *supra* de cette note ainsi que, par ex., note 20 *infra*) des chiffres 6 et 7 (7 étant l'addition du 6 et du 1, autrement dit du chiffre du prisonnier et de son double, le chef invisible du village - sorte de métamorphose du *Léviathan* de Hobbes -), chiffres récurrents dans *Le Prisonnier* (jusque dans l'immatriculation de la Lotus Seven et la date de naissance de McGoohan, et l'année - 1967 - du début de la programmation de la série), comme le montrent les analyses excessivement pertinentes de l'article "*Qui est le chiffre 6?*", *ibid.*, n° 16 à 18. A noter, cf. *ibid.*, n° 16, pp. 5 à 8, que leur symbolique macabre (McGoohan avait même originellement écrit deux versions de l'épisode final, dont un dans lequel le numéro 6 mourait) se rencontre déjà dans l'épisode "*Obsession*" de *Destination Danger*, cité note 6 *supra*, et que le thème général du *Prisonnier* semble lui-même s'inspirer de la nouvelle "*Sept Etages*" de Dino Buzzati, comme en témoignent à la fois le cadre médical et le caractère de critique sociale des deux oeuvres, ainsi d'ailleurs que le fait que les deux héros soient "*réduit(s) à un matricule*" et que les lieux du dénouement respectif de chacune des oeuvres soient chez Buzzati le "*premier (étage), réservé aux malades en phase terminale*", *ibid.*, loc. cit., p. 4, et dans *Le Prisonnier* une sorte de grotte à l'intérieur de l'île (tous deux lieux psychanalytiques traditionnels de régression dans le ventre maternel). De plus, *Le Prisonnier* s'inspire peut-être même de l'adaptation télévisée française de 1963 de la nouvelle de Buzzati, intitulée *Un cas intéressant*, dans laquelle le septième étage (symbole, évidemment parodique, du Ciel chez Buzzati) était devenu le sixième étage (symbole négatif, comme nous l'avons dit, s'accordant sans doute mieux, dans l'esprit du scénariste, à la critique sociale de la nouvelle). Il est également fort intéressant de remarquer que le numéro 6, anti-James Bond évident (de l'aveu même de McGoohan - bien qu'il donnasse aujourd'hui une version plus pragmatique de son refus de jouer le rôle de Bond, cf. *ibid.*, p. 27), évoque implicitement le fameux matricule 007 (sans toutefois les deux zéros qui désignent le "*permis de tuer*", relevons-le quand même, par rapport au caractère pacifiste du numéro 6 - là encore explicitement revendiqué par McGoohan, cf. par ex. Carrazé et Oswald, loc. cit., pp. 6 à 8 -).

[12] Et directement inspirés de *Destination Danger* et du fameux "*M 9*".

[13] Cet épisode trouve d'ailleurs probablement son thème dans *Mon espion à la Havane* de 1958 de Graham Green, cf. Baudou et Ferrarri, op. cit., p. 204.

[14] On en effet un peu vite taxé cet épisode, ainsi que les treizième et quinzième, de briser avec l'univers de la série. C'est d'ailleurs pour cela qu'ils n'ont bénéficié d'une version française que très tardivement (en fait, à la période de la sortie en vidéo de la série). Or, à l'inverse des premiers épisodes de *Columbo* par ex. où il est sensible que certains dénouements un peu trop théâtraux venaient du manque de définition du personnage central et de l'univers de la série, ces trois épisodes du *Prisonnier* sont quasiment les derniers, et correspondent donc plus à une volonté symbolique (voire baroque) de McGoohan qu'à un manque de goût ou à un moment d'essoufflement. Et ce même si lui-même reconnaît que le quatorzième épisode lui a permis de réalisé son vieux rêve, jouer dans un western, rêve qui deviendra vraiment réalité en 1975, lorsqu'il jouera dans *Un Genio Due Compari E un Pollo* de Damiano Damiani. C'est pourquoi dans le treizième épisode, le village de Kandersefld rappelle vaguement celui de Portmeirion, dont le nom apparaît lorsqu'il l'écrit sur une lettre, cf. Carrazé et Oswald, op. cit., p. 164. Ainsi, le Village,

élément psychanalytique comme on l'a dit, ferait en réalité partie des souvenirs du numéro 6.

[15] Cf. Baudou et Ferrarri, op. cit., pp. 31 à 34.

[16] Cf. *ibid.*, notamment les épisodes numéro 24 (sur le thème du double - le titre de l'épisode est d'ailleurs *Le Prisonnier*), pp. 72, et 14, pp. 149 à 155, ou bien cf. encore pp. 199.

[17] Cf. Carrazé et Oswald, loc. cit., p. 6.

[18] Cf. Chevalier et Gheerbrant, op. cit., art. "*Noir*", p. 674.

[19] *Ibid.*, p. 673. On pourra aussi noter le symbolisme maternel du noir, *ibid.*, pp. 671 à 674, ce qui pourrait alors renvoyer ici au problème essentiellement oedipien du rapport à la femme, cf. notamment note 34 *infra*.

[20] En outre, le nom même de "*Scarecrow*", qui signifie littéralement "Epouvantail", insistait déjà sur l'aspect double, ambigu et atypique (voire, sinon asocial, du moins inquiétant et personnaliste - au sens philosophique du terme, comme le prouve la définition de son caractère dans le téléfilm) de ce justicier bien particulier (en effet, la série peut apparaître étrangement sanguinaire pour un divertissement pour enfants, rappelons de James Neilson la réalisa pour les studios Walt Disney). Si l'on ne peut certes pas faire de ce téléfilm diffusé en trois épisodes une source directe du *Prisonnier*, il est indéniable pourtant qu'il possède avec lui une parfaite unité logique.

[21] Il s'agit en fait d'un mélange complexe d'obédience à la tradition anglaise du non-sens et de l'absurde, et de scission *consciente* avec l'"ordre du récit" romanesque. On peut d'ailleurs noter à ce propos l'opposition entre la vision de la jeunesse dans *Le Prisonnier*, où le point de vue est plutôt complice (notamment dans le dix-septième épisode, que ce soit par la similitude entre les doléances du jeune hippy et celles du numéro 6, ou par le fond sonore très moderne pour l'époque, puisqu'il s'agit des Beattles), et dans *L'Homme de fer*, où elle est littéralement stigmatisée, cf. note 6 *supra*. (En outre, le jeu mathématique que nous proposons sur les numéros des prisonniers nous paraît se justifier par la référence implicite de l'univers de la série à celui des livres pour enfants de Carroll - cf. notamment le quinzième épisode, étudié *infra* -, dans lesquels se multiplient les calembours géométriques et algébriques.)

[22] On insistera sur l'importance toute particulière de deux caractères de l'oeuvre: d'abord le fait qu'on ne sache pas pourquoi le prisonnier est incarcéré; ensuite le symbole psychanalytique du Village. La combinaison de ces deux clefs permettrait à elle seule l'interprétation concluante de la série. Si on rapproche la série du *Procès* de Kafka et de sa version filmique par Welles, cf. note 5 *supra*, on s'aperçoit que le fait que la cause de l'incarcération du prisonnier reste inconnue (il n'a pas trahi, et somme toute on lui demande des renseignements dont il apparaît clairement que, même s'il acceptait de les donner, leur révélation ne provoquerait pas pour autant sa libération, puisque l'ensemble des autres prisonniers, qui ont accepté leur sort - et donc de fournir des renseignements aux chefs du Village -, y sont toujours retenus), on s'aperçoit donc que le fait que la cause de l'incarcération du prisonnier reste inconnue atteste le caractère symbolique de l'oeuvre: comme celles de Kafka et de Welles (ou plutôt de celle de Kafka par le biais de celle de Welles), elle est une critique de la société normative contemporaine (c'est-à-dire d'une société de masse dans laquelle l'individu est fiché par et obéi aux ordres d'une administration tentaculaire et "*aveugle*", comme le note très bien Welles, cf. note 5 *supra*). Le Village, cité carcérale grotesque dans la série de McGoohan (puisqu'il s'agit d'une Village de vacances) fait directement référence à la société de masse (dont une des caractéristiques en cette fin des années 1960 sont justement les vacances - Welles préféra symboliser la société contemporaine par ses H.L.M., et, antérieurement, mais cette fois dans une optique libérale et bourgeoise, Herbert-Georges Wells dans *The Time Machine* de 1895 critiqua la société contemporaine, non plus parce qu'elle était inégalitaire, injuste et arbitraire, comme Emile Zola, Kafka, Welles ou McGoohan, mais parce qu'elle était essentiellement prolétaire -); mais cité archétypale et sommaire, comme chez Kafka ou Welles, le Village est en fait, comme nous le disons dans notre texte, un symbole psychanalytique traditionnel, servant à analyser la personnalité de celui qui le représente. Le fait que tous les organes du pouvoir y soient représentés en fait donc le symbole même d'une réalisation névrotique de la société elle-même (les

différentes architectures permettant, par contrecoup, de qualifier l'aspect idiosyncrasique - et donc psychanalytique - de ce symbole). Ainsi, le Village se définit doublement comme l'expression d'un cauchemar au sens freudien du terme. Nous avons vu que, de manière très évidente, les différents personnages de la série apparaissent comme des êtres que le prisonnier a rencontré dans sa vie réelle ou comme des expressions de ses propres fantasmes névrotiques, voire peut-être même comme les figures paternelles de médecins et de psychiatres (c'est notamment le cas du numéro 2 dans l'avant-dernier épisode). Mais même sans tenir compte de cela, on peut néanmoins affirmer que, comme Sigmund Freud dans *Die Traumdeutung* (1900) définissait le cauchemar comme un exutoire de l'esprit combattant ses propres censures, de même le Village, dans un premier temps apparaît comme l'image emblématique - et donc *censurée* - des névroses propres au prisonnier, et, dans un second temps, si on reporte ce symbolisme "canonique" du Village d'une part à son modèle (les "villages de retraite" pour les espions) et d'autre part à l'ensemble de la série pris dans sa volonté de critique sociale évidente, le Village ne se définit plus simplement comme l'expression des névroses individuelles, serait-ce face à la société contemporaine, mais bien comme l'expression de la *censure* sociale sur l'individu. Ainsi, McGoohan transforme, à partir de la ré-interprétation du *Procès* par Welles et du modèle des camps de retraite pour espions, le canon psychanalytique usuel du Village en symbole de la censure sociale, sans doute par la ré-interprétation de la notion de censure du rêve chez Freud, ré-interprétation elle-même à la fois basée sur la longue tradition du non-sens anglais, comme McGoohan le laisse très clairement entendre dans son entretien, cf. Carrazé et Oswald, loc. cit., p. 6, et sur la question "pourquoi", récurrente dans l'oeuvre (puisqu'on la retrouvera, explicitement mise en rapport avec l'emblème de la modernité des années 1970, l'ordinateur du "*Général*" - ordinateur également récurrent sous cette forme d'entité toute puissante, innommée et néfaste dans la série anglaise contemporaine *Chapeau melon et bottes de cuir* -). Or ce "pourquoi" ne pose plus chez McGoohan, qui faillit être pasteur (et était donc plus qu'un autre préoccupé dans ce début des années 1970 par la relation de l'être à l'avoir), la question du rapport de l'homme à Dieu, mais celle de l'homme à la société, normative et carcérale - c'est-à-dire qui *censure* -, ce qui explique que, comme chez Kafka, le héros soit accusé sans raison (la même problématique se retrouve d'ailleurs aussi dans *L'Etranger* de 1942 d'Albert Camus). Cf. aussi note 24 (ainsi que notes 33-34 et texte correspondant) *infra* à propos de ce passage d'un symbole purement psychanalytique à la critique sociale la qualité schizophrénique du prisonnier (la schizophrénie se définissant non seulement, certes, comme un complexe de persécution, mais aussi et surtout se manifeste, pour ce qui nous intéresse, par une conscience accrue des injustices et des horreurs du monde tels notamment que la guerre, la violence et la souffrance qu'elle provoque, le sort des minorités et leur mise à l'écart de la société, la solitude, la discrimination sociale et/ou raciale,...).

[23] En plus de la couleur de sa tenue, qui est une marque évidente d'irrespect des règles sociales (le noir étant réservé au veuvage ou aux prêtres) et d'anticonformisme, cf. note précédente (en outre, le noir est une image de l'inconscient - thème qui sous-tend toute la série -, cf. Chevalier et Gheerbrant, loc. cit., p. 674), sa veste ouverte montre symboliquement les attributs virils du prisonnier, comme la position écartée des jambes dans les rites de domination des grands singes (sur le problème plus général de l'apparence sociale et du "*mépris*" de leurs "*conventions*", cf. par ex. Barthes, *Mythologies*, Paris, Seuil, 1970, pp. 54 à 56). Paradoxalement, les faiblesses qui le caractérisent - aussi bien le fait de ne pas prendre de sucre à cause de problèmes de santé (donc par peur, comme le lui fait sentir le numéro 2, bien qu'en réponse, le prisonnier additionne son thé de plusieurs morceaux de sucre), que ses phobies d'origine infantiles ou dues à la guerre qui nous sont révélées dans l'avant-dernier épisode, ainsi que ses doutes, sa peur qu'on ne le regarde pas, sa faiblesse passagère vis-à-vis de son double dans le cinquième épisode, etc. - contribuent à définir ce caractère manichéen. En effet, ses déficiences font de lui un anti-héros manichéen ou, pour ne pas user d'un oxymoron, un héros tragique (solitaire, sombre, taciturne et voué à l'échec - son évasion finale n'étant qu'un leurre, ainsi qu'on le verra - comme le romantisme du XIXème s. en a donné beaucoup), cf. aussi notes 18 à 21 *supra*. On notera, en marge de ceci, que le prisonnier, en ayant peur de prendre du sucre, s'identifie au numéro 2 (on verra que le numéro 6 et le numéro 1

ne font qu'un, McGoohan se plaisant à intervertir les symboles, le 6, chiffre de la dissension et du Diable devenant celui du héros, et le 1, chiffre de l'unité, celui de l'aspect négatif, castrateur et involutif de l'*ego*, ce qui n'a rien d'étonnant, selon la définition que nous venons de donner du prisonnier comme d'un "anti-héros manichéen"). En effet, l'un des numéro 2 boit du lait et a peur des microbes, et dans l'avant-dernier épisode, le numéro 2 qui voulait pénétrer l'esprit du prisonnier en devient fou. Un cas étrangement similaire se rencontre dans le troisième épisode. Dans le dixième épisode, le numéro 2, qui voulait vaincre le numéro 6, est également vaincu par lui. On comprendra cette identité entre le numéro 2 et le numéro 6 de la même manière qu'on a comprise celle entre le numéro 6 et le jeune hippy, à savoir comme l'expression du caractère double et ambigu du numéro 6. Le numéro 2, une fois acceptée l'idée que le numéro 1 et le numéro 6 ne font qu'un, n'est lui-même que la manifestation tangible pour l'esprit du prisonnier du monde extérieur qui se veut normatif, et se définit donc comme tel chez McGoohan (sous la forme, peut-être, des psychiatres, dont nous notons *infra* la récurrence symptomatique, du moins est-on libre de l'imaginer sans que cela soit contraire au sens général de l'oeuvre). D'un autre point de vue, le numéro 2 (qu'il soit le psychiatre qui veut normaliser le malade contre sa propre volonté et pourtant, pense-t-il, pour son bien, ou qu'il soit la marque de l'*ego* négatif du héros, ce qui dans les deux cas revient au même, puisque d'une manière ou d'une autre, c'est toujours l'esprit du héros qui lui fait du mal, qu'il s'oppose à l'ordre social ou à ses propres volontés dans un conflit de dédoublement de la personnalité), le numéro 2 donc, en tant que "bras" visible du numéro 1 (qui, notons-le, selon cette interprétation reste toujours esprit), est à plus d'un titre un alter-ego du numéro 6. Une telle exégèse psychanalytique de la série, cf. notes 11 à 14 et 38 à 47 *infra*, prend toute sa valeur quand on considère que le numéro 1, en tant qu'esprit (du numéro 6) justement, est informe (il n'a pas de visage propre, puisqu'il se cache derrière une série de masques), et que dans le dernier épisode il est à la fois un sein maternel (le siège central du Village est une grotte, symbole maternel et involutif par excellence) et un oeil qui s'ouvre et se ferme (oeil unique monté sur une sorte de gigantesque tube, là encore double symbole vulvaire). Ainsi, en tant que oeil, le numéro 1 se définit à la fois en tant qu'âme (âme du Village et du prisonnier) et en tant que matrice originelle (l'oeil unique du sexe féminin - on sait que l'image de l'oeil, bien qu'apotropaïque, a, depuis l'Antiquité, été associé à celle de la sexualité, comme en témoignent notamment les mosaïques romaines représentant des phallus terminés par des yeux, ce qui pourrait symboliser la combinaison des principes mâle et femelle -).

[24]Comme les feux d'artifice d'*Ulysses* (1922) de James Joyce, qui semblent bien avoir inspiré McGoohan.

[25]On peut aussi interpréter la fin du *Prisonnier*, et le jaillissement de la fusée qui semble détruire le village, comme le symbole de l'anarchisme de la série (ce que confirme l'atmosphère hippy du dernier épisode), cf. notes 40-41 *infra* (de même par ex., le jeune homme en haut de forme du dernier épisode, en tant que double du numéro 6, ou l'habit noir du prisonnier peuvent aussi être interprétés comme des symboles d'anarchie). Cependant, l'aspect phallique des images de destruction du Village (notamment en de qui concerne celui de la fusée) se retrouve très clairement dans la nouvelle, largement postérieure à la série (puisqu'elle fut publiée pour la première fois dans le n° 24 de la revue *Fiction spéciale* en Août 1984) et qui semble bien s'en inspirer, "*Rien qu'un peu de cendre, et une ombre portée sur un mur*" de Jean-Pierre Andrevon, pp. 27-28 de *La Frontière éclatée*, t. 3 de la coll. "*La Grande Anthologie de la Science-Fiction française*" par Klein, Ellen Herzfeld et Dominique Martel, Paris, Le Livre de Poche, 1989. Dans la nouvelle, ces images identifient pour le lecteur le "sur-ordre" destructeur de la société moderne; leur anéantissement, quant à lui, représente donc, comme dans le *Prisonnier*, un nouveau souffle pour l'humanité. Ceci n'est pas contradictoire, tout au contraire, avec l'interprétation de la destruction de ces symboles dans *Le Prisonnier* - ou dans la nouvelle d'Andrevon - comme une marque d'anarchisme, mais la comparaison entre les deux oeuvres doit néanmoins nous porter à considérer en premier lieu, ainsi que nous le disons notes 39 et 41 et texte correspondant *infra*, la présence de ces symboles dans la série de McGoohan comme une représentation du totalitarisme politique de la société qui veut

dominer l'individu par tous les moyens (notamment guerriers), et leur anéantissement comme une allégorie phallique. McGoohan le dit d'ailleurs explicitement: à la question "*Dans la série (Le Prisonnier donc), il n'y a que peu de violence dans la plupart des affrontements et, lorsqu'ils sont verbaux, ils paraissent se passer entre gentlemen: le jeu du chat et de la souris. Pourquoi?*", il répond: "*Cela ajoute, je l'espère, un peu d'humour ici et là. Une prise en compte amusée du ridicule est une arme de survie importante. Mais il vient un moment où la révolte est nécessaire. Dans le dernier épisode, "Fall Out", le temps n'est plus à la gentillesse. Il y avait des mitraillettes, et les gens mouraient. C'était l'heure de la Révolution. Les Français connaissent cela: "Allons enfants..."*", cf. Carrazé et Oswald, loc. cit., p. 7. On peut à ce propos se demander si c'est un pur hasard que, dans le premier épisode de la série - qui s'inspire en cela d'un certain nombre d'épisodes de *Destination Danger* (*Colony Three*, *View from the Villa*, *To Our Best Friend*, *The Cooler*) qui donnèrent très visiblement la trame thématique générale de l'oeuvre - le prisonnier, arrivant au Village, soit confondu dans le premier épisode avec un membre de l'Europe de l'Est, qu'il s'évade avec une Russe dans le deuxième, et "*Que la langue internationale* (soit) *le français*", cf. *Le Rôdeur*, n° 16, loc. cit., pp. 20 et 22. Une autre voie s'ouvre cependant à nous, si l'on considère le symbolisme phallique et anarchique du jaillissement de la fusée comme la marque paradoxale d'un complexe oedipien et macabre de retour "intra-utérin" (comme il en existe de nombreux dans la mythologie grecque classique, cf. notamment la "somme" sur le sujet de Georges Devereux, *Femme et Mythe*, Paris, Flammarion, 1988). Dans cette condition, on comprend que McGoohan ait pu penser à faire mourir son héros dans l'un des deux scripts originels pour le dernier épisode, cf. *Le Rôdeur*, n° 16, loc. cit., p. 5, ainsi que note 12 *supra* et conclusion *infra*. La mort du numéro 6, pendant macabre à la fin phallique et jouissive finalement adoptée par McGoohan, s'inscrivait dans cette même critique sociale, où le "mauvais côté" n'étaient plus les Soviétiques ou les dictatures du Tiers-Monde (comme cela était notamment le cas dans *Destination Danger* ou dans l'archétype des séries d'espionnage de l'"impérialisme occidental" - pour reprendre une terminologie en l'occurrence parfaitement adaptée -, à savoir les *James Bond*, cf. *infra*), mais le rapport du *Moi* à l'Autre, ou plus exactement du *Moi* profond et caché, inhibé et parfois paranoïaque (McGoohan va jusqu'à le comparer à Hitler, cf. notes 10 et 11 *supra*, ainsi que par ex. Roland Topor, "*Le plus grand film de science-fiction de tous les temps*", p. 10 de Carrazé et Oswald, op. cit., sur ce que Topor considère avec assez de justesse comme la réponse paranoïaque du prisonnier à la "*schizophrénie ambiante*" des autres et du quotidien) - le *Soi* -, à l'Autre, infernal et perpétuel agresseur (les rapports sociaux étant toujours ressentis d'abord comme conflictuels, comme on le sait, et ainsi que la psychologie des jeunes enfants dès le moment critique de privation du sein maternel l'a très explicitement démontré; cf. là aussi plus précisément conclusion *infra*. McGoohan dit ainsi du rôdeur: "*La ballon représentait la peur la plus grande de toutes, celle de l'Inconnu. Ou l'incursion dans votre vie privée. Ou encore la Bureaucratie sans visage. A vous de décider. Quant à moi, je trouve particulièrement angoissant le fait que ma vie soit inscrite, quelque part à Washington, dans la puce d'un ordinateur, et qu'il suffise qu'une secrétaire tape sur quelques touches pour que j'apparaisse sur un écran*", cité par Carrazé et Oswald, loc. cit., p. 7.

[26]Cf. Chevalier et Gheerbrant, op. cit., art. "*Masque*", pp. 614 à 618.

[27]*Ibid.*, p. 615.

[28]La preuve en est que le corps n'intervient qu'en tant que stimulus, en quelque sorte complémentairement à l'absence évidente de violence dans l'oeuvre. Le corps ne se fait connaître au prisonnier, ne se rappelle jamais à lui, que pour lui faire prendre (ou reprendre) conscience; c'est le cas à la fin du quatrième épisode, comme à la fin du cinquième. Dans celui-ci, le rôle de révélateur de la blessure que le numéro 6 s'est faite à la main est très proche d'une scène de la fin d'*Ipcress - Danger immédiat* de 1965 de Sidney Furie. Il faut noter à ce propos que le prisonnier doit sans doute autant à Drake qu'à Harry Palmer, espion également britannique qui fut le héros de deux autres films (*Mes funérailles à Berlin* de 1966 de Guy Hamilton, et *Un cerveau d'un million de dollars* de 1967 de Ken Russell) et dont le profil d'éternel perdant et d'anti-conformiste sardonique et impavide (et lui aussi parodie explicite de Bond) lui convient parfaitement. (On peut

d'ailleurs être frappé par la ressemblance physique entre le Michael Caine d'*Ipcress* et le McGoohan du *Prisonnier*.) Le générique d'*Un cerveau d'un million de dollars* a peut-être inspiré dans celui du *Prisonnier* l'image de la photo d'identification qui sort d'un ordinateur (décomposée dans le générique du film de Russel en ordinateur en marche, dont on voit tourner les bandes magnétiques, en fiche nominative qui en sort, et en série de photos arrêtées de Palmer en mouvement). Le générique de Russel s'inspire par ailleurs des publicités pour James Bond, puisqu'elle montre Palmer en smoking tenant par la taille des femmes vues de dos. Ces références à Palmer, comme celles plus directes à Drake (même si le premier est déjà une parodie de Bond, bien que pas toujours aussi évidente que ça, surtout justement dans le film de Russel - Drake quant à lui en étant finalement plus une épigone qu'une véritable critique, il suffit pour s'en convaincre de regarder le message néo-colonialiste et pro-américano-européen de la série, cf. notamment l'excellent article, déjà cité, sur ce sujet dans Baudou et Ferrari, loc. cit., pp. 16 à 22 -), permettent de comprendre que les aventures du prisonnier, dans le contexte de la guerre froide, en reprenant donc les clichés des films et séries d'espionnage classique, déroutassent tant les téléspectateurs par leur fin pour le moins singulière. En fait, *Le Prisonnier* reprend l'opposition courante, que l'on retrouve dans *Les Mystères de l'Ouest* ou la série des *James Bond* (notamment avec Connery), entre le "bon et le méchant", le héros, bardé de certitudes, ne parlant au méchant que par questions, et l'autre répondant ou non. Mais ici, c'est le héros qui devient la cible de ses propres questions et le méchant qui domine, le méchant devenant un personnage ontologique, et le bon, comme dans *Ipcress*, étant un éternel perdant (ce qui rend d'autant plus caricatural son type manichéen, cf. par ex. note 23 *supra*).

[29] Cf. Carrazé et Oswald, op. cit., note de la p. 195, cf. note 41 *infra*. On notera d'autre part, dans le même sens (bien qu'il s'agisse là d'une constatation purement liée à une poétique de l'oeuvre), qu'une double raison préside au fait que c'est essentiellement dans les premiers épisodes que les scénarii insistent sur la localisation géographique précise du Village, au travers des tentatives d'évasion répétées du héros: tout d'abord, justement, pour obliger le spectateur attentif à douter de la situation exacte du Village, et donc du manichéisme apparent de la série (opposition implicite apparente entre le modèle libéral anglais, pour lequel a travaillé le héros en tant qu'espion - personnage qui, par ailleurs, ne pouvait qu'évoquer le John Drake de la série *Destination Danger* à laquelle McGoohan devait sa célébrité et qu'il venait d'abandonner -, et le Village, représentatif d'un modèle communautaire communiste), et, par conséquent, de l'éloignement du *Prisonnier* par rapport au modèle des séries de l'époque; mais ensuite aussi, pour une question purement formelle d'épuisement de l'intérêt narratif du thème central de l'évasion systématiquement ratée du héros, qui devait forcément très vite impliquer la recherche et le renouvellement des problématiques de la série. On peut dire, d'une certaine manière, que le sens politique premier, que nous venons de relever, imposait que la fuite du héros soit impossible, mais qu'en contrepartie, les impératifs commerciaux de production refusaient l'enfermement de la série dans un seul schéma narratif répétitif. Comme nous l'avons dit note 4 *supra*, *Le Prisonnier* s'apparente sans doute dans sa proposition anti-narrative au contemporain *Fugitif*, bien que cette dernière série ne revête aucun sens politique. Les deux renvoient à la fois à l'impossibilité de dire, typique des productions symboliques de l'après-guerre, abondamment notée par les théoriciens de la dite postmodernité, mais aussi d'une volonté de liberté contre le modèle social dominant, qu'on retrouve chez Jack Kerouac (*Sur la route*) comme dans les séries telles que *Hulk* ou *Les Envahisseurs*. Néanmoins les personnages marginalisés contre leur volonté que sont les héros du *Prisonnier*, du *Fugitif*, de *Hulk* ou des *Envahisseurs*, répondent encore aux schémas narratifs dominant, dans le principe linéaire des épisodes et l'utilisation de thèmes-types des séries anglo-saxonnes. Au contraire s'en libère le héros d'*Orange mécanique*. Celui du *Prisonnier*, narrativement à mi-chemin entre les deux types, se démarque, non pas parce qu'il brise avec les règles de représentation habituelles, comme chez Kubrik, mais parce qu'il les réutilise en les assujettissant à sa propre dialectique.

[30] A la fin de l'épisode, le numéro 2 dira d'ailleurs des mutins: "*Dès demain, ils retourneront à l'échiquier, comme pions...*". Rappelons aussi que les échecs, originaires d'Inde, illustraient les

relations socio-politiques du roi avec sa cour, ce qui explique leur grande popularité. En outre, l'utilisation symbolique qui en est faite dans les deuxième et neuvième épisodes pour illustrer l'implication et le devenir sociaux des individus (en les identifiant à ce jeu) se retrouve déjà dans *Le Septième Sceau* de 1956 d'Ingmar Bergman et, plus récemment, dans *Face à Face* de 1992 de Carl Schenkel. Sur le symbolisme des échecs, cf. aussi note 10 *supra*.

[31] La mythologie créée autour de Portmeirion en témoigne. De plus, dès la fin du deuxième épisode, le numéro 6 s'interroge, face à son supérieur des services secrets anglais, avant de s'apercevoir que celui-ci l'a trahi: "*J'ai risqué ma vie et la sienne* (de l'espionne russe) *pour revenir ici, chez moi* (c'est-à-dire en Angleterre), *parce que je croyais que c'est différent ici! Je veux savoir: Est-ce que c'est différent?*", cf. Carrazé et Oswald, op. cit., p. 50.

[32] Le nain symbolisant traditionnellement les forces chthoniennes de notre inconscient (cf. par ex. Chevalier et Gheerbrant, op. cit., art. "*Difformité*", p. 356, et "*Nain*", pp. 657-658, et aussi le nain du *Roi Mystère* - notamment l'épilogue du 4ème épisode -, dans le feuilleton de Paul Planchon d'après Gaston Leroux), cet acte de contrition du nain envers le prisonnier signifie que ce dernier a vaincu ses propres inhibitions.

[33] Le titre anglais est tout différent, puisqu'il se traduirait littéralement par "*Ne m'abandonne pas, oh mon amour*".

[34] S'il relève de la misogynie ambiante d'origine religieuse (cf. par ex. leur rôle de femmes-objets dans les films, et celui d'Eve, cause de la Chute dans *La Genèse*, voir *infra*, cf. aussi *Adam et Eve de Dürer à Dalí*, catalogue de l'expo. qui s'est tenue à la Bibliothèque Nationale et au Musée National Message Biblique Marc Chagall du 4 juil. au 5 oct. 1992, Paris, Réunion des Musées Nationaux, 1992, et Roland Villeneuve, *Dictionnaire du Diable*, Paris, Pierre Bordas & fils, 1989, art. "*Femme*", pp. 148-149), il faut noter que le caractère des femmes du *Prisonnier* est une sorte de prolongement de celui, ambigu, de celles de *Destination Danger*, que McGoohan lui-même définit comme "*Une énigme...*", p. 11 de Baudou et Ferrari, op. cit.; cf. aussi la très bonne analyse de Jean-Philippe Mochon, "*Cherchez la femme!*", p. 26 *in ibid.* La fiancée reprend d'ailleurs les caractéristiques de plusieurs personnages de *Destination Danger*, par ex. Helen dans le numéro 13, ou Nicola dans le numéro 22, cf. pp. 108 et 117 *in ibid.* Malgré tout, dans *Le Prisonnier*, le rôle des femmes est beaucoup plus complexe, du fait que leur statut d'éternelles traîtresses ne peut plus se comprendre du fait qu'elles font partie d'un camp adverse, mais plutôt à cause de la position nietzschéenne (qui ne fait que reprendre celle, judéo-chrétienne et évidente dans *Le Prisonnier*, qui considère la femme comme la descendante d'Eve et de Pandore), selon laquelle le génie de la femme est celui du "*masque*".

[35] Chevalier et Gheerbrant, op. cit., art. "*Mère*", pp. 626-627.

[36] *Ibid.*, art. "*Baleine*", p. 103.

[37] *Ibid.*, pp. 102-103.

[38] Comme on l'a dit, les épisodes 11 et 15 parlent de la Mort, et les deux derniers de la mort au monde. On retrouve là le thème du double, et le symbolisme de la dualité, accompli dans les couples thématiques. Le double apparaît donc comme l'*Autre* psychanalytique (comme en témoigne le rejet social du prisonnier, rejet de la société et du prisonnier et du prisonnier par la société). Cette problématique se rencontre par ex. dans *The strange case of doctor Jeckyll and Mister Hyde* de 1886 de Robert Louis Stevenson, et dans la chanson "*Was ist das Rock'n'roll*" de l'album *Eros über Alles* de 1988 d'Hubert-Félix Thiéfaine, lorsqu'il écrit "*De nature solitaire, je me terre pour me taire/ Mais mon double pervers joue dans un groupe de rock*". On la retrouve de façon plus précise encore au cinéma chez Hitchcock, cf. Claude Chabrol et Eric Rohmer, *Hitchcock*, Paris, Ed. Universitaires, 1957, pp. 35ss., ou dans *Sisters* de 1973 de Palma - dont le sujet et la forme s'inspirent d'ailleurs de *Rope* (1948), *Vertigo* (1958) et *Frenzy* (1972) -, ces deux derniers films, comme *Murder* (1930), *Rebecca* (1940), *Strangers on a train* (1951), ou *Marnie* (1964), relevant aussi de la question du double (à la fois autre et opposé, problème de la dualité). L'importance du choix entre une attitude sociale (voire grégaire pour *Le Prisonnier*) et une

conduite asociale et individualiste est parfaitement posée dans un épisode de *Star Trek*, intitulé "*L'imposteur*" et qui traite justement du dédoublement, à travers la dialectique du Bien et du Mal, du *Moi* et de l'*Autre*, et donc en fait de la reconnaissance de soi par l'adéquation aux règles sociales opposée aux pulsions primaires d'auto-suffisance. On retrouve cette vision manichéenne du rapport à l'Autre, basé sur la récurrence de l'opposition néo-platonicienne entre l'*Amor ferinus* et l'*Amor humanus-dei*, en fait entre l'aspect primitif du Moi (la bestialité) et son côté intellectif (donc compris comme humain), dans *La Belle et la Bête* de 1946 de Jean Cocteau (on pourrait aussi citer l'adaptation de 1950 du mythe d'*Orphée*), qui en l'occurrence, plus encore que le conte originel (cf. Bruno Bettelheim, *Psychanalyse des contes de fées*, Paris, Robert Laffont S.A., 1976, pp. 401 à 443), correspond à l'acquisition du Moi par le rejet, qui en fait vaut acceptation, de nos propres pulsions pédérastiques (et de celles de l'auteur), constitutives de l'ego (ou si l'on veut de la psyché). Sur cette ambivalence permanente entre le *Moi* et l'*Autre* social dans *Le Prisonnier*, cf. aussi notes 18 et 43 *infra*. C'est bien de l'individuation que traite la série, puisque dans le huitième épisode, recevant son propre costume pour aller au bal costumé, le numéro 6, lorsqu'on lui demande ce que cela signifie, répond: "*Eh! bien, que je suis encore... moi-même...*", cité par Carrazé et Oswald, op. cit., p. 110. Cet épisode pose d'ailleurs le problème de la psychanalyse de l'oeuvre, puisque, lorsque le numéro 2 dit au prisonnier qui se avoue lui-même seul et étranger: "*Si vous persistez dans votre rêve, on va finir par vous prendre pour un fou*", celui-ci répond: "*J'aime mon rêve...*", ce sur quoi le numéro conclut: "*Alors vous êtes fou!*", cité in ibid., p. 113. En fait, le numéro 2, en costume de Peter Pan, semble bien symboliser pour un temps les pulsions involutives du prisonnier, avec lesquelles celui-ci engage un véritable dialogue en forme d'énigme. Mais de ce dialogue, d'où ressort essentiellement l'envie de liberté et de reconnaissance (cf. *infra*) - notamment dans les symboles appelés dans l'échange initial entre les deux personnages - insiste surtout, par son caractère surréaliste justement, sur le fait que les aventures du prisonnier sont fantasmagoriques (elles relèvent du "*rêve*") et que sa quête, avant tout psychanalytique ("*vous êtes fou!*"), est celle de l'Autre. Le numéro 2 et le prisonnier citent en effet l'un après l'autre des êtres ou des objets que le prisonnier pourrait attendre sur la plage, et qui symbolisent toujours l'évasion et l'envolée - à une exception près, qui marquerait son désir involutif de régression pré-utérine - le "*bateau*" - (le titre de l'épisode étant lui-même une référence à la *Danse macabre* médiévale), mais qui se résout dans l'image du "*poisson volant*" (image également religieuse, inspirée, comme dans les tableaux de Jérôme Bosch, des chevauchées aériennes du *Malleus Maleficarum* de 1486 de Henry Institoris et Jacques Sprenger, cf. Mia Cinotti et Max J. Friedländer, *Tout l'oeuvre peint de Jérôme Bosch*, Paris, Flammarion, 1967, p. 106, et qui, probablement associé à la "*restauration cyclique*" comme monture de Varuna, cf. Chevalier et Gheerbrant, op. cit., art. "*Poisson*", p. 773, renvoie donc à l'idée d'un combat psychomachique), suivant le même processus d'association d'idées qui régit par ex. la chanson de l'album *Autorisation de délirer* de Thiéfaine sur le complexe d'OEdipe, intitulée "*Variations autour du complexe d'Icare*", "*une lumière, une étoile, un bateau, un insecte, un avion, un poisson volant*", Carrazé et Oswald, *ibid.*, pp. 112-113, images que l'on pourrait effectivement rapprocher du mythe d'Icare. Combat et mort (et plus exactement mort au monde, proche de l'érémitisme) sont donc les deux termes qui définissent la relation du héros à sa vie, incitant à penser qu'il s'agit bien de l'expression aboutie d'un mal de vivre provoquant une volonté involutive, comme dans l'oeuvre de Cioran.

[39] Les treizième, quatorzième et quinzième épisodes mettent en place, aussi bien thématiquement que formellement, les seizième et dix-septième. C'est ce qui explique leur aspect héroïco-comique, qui a souvent été stigmatisé, à tort à notre avis, comme une inconséquence par rapport à l'ambiance générale de la série.

[40] Il est évident, bien sûr, que, pratiquement, la fusée qui s'envole, est, au premier degré, un pastiche des explosions qui terminent traditionnellement les films d'action "à la James Bond", et veut ainsi en offrir une critique implicite, en en prenant le contre-pied. De la même façon déjà, *Destination Danger*, comme l'a souvent répété McGoohan, cf. Baudou et Ferrari, loc. cit., p. 11, voulait se démarquer des séries d'espionnage habituelle, et notamment des *James Bond*, en privilégiant la

psychologie des personnages sur les gadgets et l'action brutale. Il en découle donc, par une sorte de "choc en retour", que le prisonnier, héros de la nouvelle série, et qui, d'évidence s'inspire du Paul Drake de la précédente, auquel il emprunte le métier et le caractère, continue d'être un "anti-Bond". Sur cette option très précise des deux séries (et bien que, comme nous l'avons déjà dit, *Destination Danger* reste, à l'instar des autres oeuvres du même genre, dont justement les *James Bond*, une série très marquée par la propagande occidentale anti-communiste et colonialiste et leurs choix politiques - parfois contradictoires - du moment, cf. notamment *ibid.*, loc. cit., pp. 16 à 22), cf. plus précisément *ibid.*, loc. cit., pp. 11 et 28 à 30, et note 6 *supra*. Néanmoins, ceci n'empêche pas de devoir considéré, par rapport à l'ensemble de la problématique mise en jeu dans le *Prisonnier* et à la typologie évidente entre les quinzième et dix-septième épisodes, cette fin quelque peu échevelée que représentent la fusillade, puis le départ de la fusée, comme des symboles de reprise du *Moi*, entamés dès l'avant-dernier épisode, par l'acceptation par le héros de ses pulsions destructrices (voire auto-destructrices, ce qui va de pair) et anarchiques, cf. notes 25 et 41 et texte correspondant *infra*).

[41] Ce problème de la "*re*-connaissance" est évident au début du dix-septième épisode; celui-ci, comme on l'a dit, débutant, dans la version originale, par une description du Village, et donnant son nom et le nom de son architecte, cf. Carrazé et Oswald, loc. cit., note p. 195, et pp. 231-232. On a déjà dit que le thème du Village était psychanalytique, mais ici il devient évident qu'il est bien régi par les rapports du microcosme au macrocosme, puisque sa situation géographique exacte est révélée une fois que le prisonnier est redevenu lui-même; comme le notent Carrazé et Oswald, *ibid.*, c'est au dernier épisode qu'il réapparaît dans son costume d'homme libre (bien qu'anti-social, pour reprendre le mot d'un célèbre groupe de rock français). Ils insistent d'ailleurs sur le fait qu'il s'agit d'un "*costume noir "civil"*", ce qui note à la fois qu'il y a bien une problématique sociale engagée par le port de ce costume, mais aussi un problème de transcendance du social au profit du *Moi* (ce qui, à notre sens, rejoint et/ou engendre la question de l'anarchisme du personnage). Et en effet, si l'on se réfère au dialogue du prisonnier et du numéro 2 à la fin de l'avant-dernier épisode, il y a bien un transfert qui a eu lieu entre le prisonnier et son double, le numéro 2, transfert entre le psychiatre (le numéro 2) et son patient, et là encore, comme dans les 10ème et 14ème épisodes par ex., c'est le prisonnier qui gagne, par un curieux transfert de culpabilité (bien qu'ici, même s'il dépasse de loin le simple syndrome de Stockholm, il soit attendu, puisque le transfert entre patient et malade est un schème courant de la fiction, cf. par ex. dans Thomas Harris, *Le silence des agneaux*, Paris, Albin Michel, 1990). Nous parlons de culpabilité car en fait, c'est bien de çà qu'il s'agit, comme on le verra. D'ailleurs, le numéro 2, dans ses plaintes reconnaît que ce qu'il veut c'est "*savoir!*", ce qui revient bien sûr tout de suite à l'image de la Faute originelle. En fait, la reconnaissance de la position topographique du Village correspond à la ré-appropriation par le prisonnier de son *Moi* social et individuel (il est guérit, et c'est symboliquement le médecin, c'est-à-dire le numéro 2, qui devient fou, on note que, comme dans *Vol au dessus d'un nid de coucous* de 1975 de Milos Forman, la folie du médecin revient à une critique acerbe de la société, et que le recours dans l'avant-dernier épisode à la mise en place d'une pseudo-cure psychanalytique pourrait très bien correspondre à l'émergence du réel dans le monde fictif et mental qu'est en fait le Village, comme on l'a déjà montré, ce qui renforcerait le lien que nous entrevoyons entre les *topos* du Village et du mental du prisonnier expurgeant ses propres fantômes). On notera d'autre part que la bataille du dix-septième épisode qui clôt les aventures du prisonnier au Village correspond à la fois à une victoire sur ses démons (au sens religieux du terme) intérieurs, ainsi que son retour symbolique au monde des humains, violent et inique, comme le voyaient les grands Mystiques du Moyen Age (cf. par ex. les oeuvres de Boccace, Jérôme Bosch ou Savonarole). En effet, l'absence quasi totale de violence physique dans les épisodes du *Prisonnier* a souvent été notée. Le combat final brise avec cette règle et revêt un important aspect jouissif (c'est-à-dire phallique, au sens psychanalytique), à l'instar de l'envol de la fusée qui, elle aussi, a été définie comme un objet de guerre dans le quinzième épisode, et double ainsi le symbolisme de la victoire sur le monde onirique et du retour fracassant ("explosif") au monde *réel* représenté - au sens fort du terme - par l'activité guerrière, elle-même identifiée dans le quinzième épisode à Napoléon, c'est-à-dire à la

folie. McGoohan inscrit donc volontairement son oeuvre dans un engagement politique militantiste typique des années hippies (comme le prouve la présence du jeune homme au chapeau haut-de-forme, qui n'est autre que le double du prisonnier, cf. *infra*), en prônant le pacifisme, l'anarchie, la liberté de penser et d'acte, et la tolérance. Cf. aussi à ce sujet note 25 *supra*.

[42]On notera que la machine, qui porte le nom de "*général*", nom qui est donné dans les premiers épisodes au numéro un, cf. note 12 et texte correspondant *supra*, apparaît alors comme une sorte de paradigme de l'emprisonnement subi par l'homme dans la société moderne et robotisée. Malgré l'originalité qu'y apporte McGoohan, il faut bien reconnaître que, comme nous le rappelons *infra*, ce thème de la déshumanisation de la société, symbolisée par sa robotisation progressive, est un leitmotiv de la science-fiction (on le rencontre par ex. chez Dick), tout comme le thème, corrélatif, de la société, identifiée au monde carcéral, dont le symbole est la caméra ou la télévision, cf. par ex. Orwell, op. cit., ou *Histoires de Rebelles*, coll. "*La Grande Anthologie de la Science-Fiction*", prés. par Jacques Goimard, Demètre Ioakimidis et Klein, Paris, Le Livre de Poche, 1984, par ex. pp. 15 à 80.

[43]Dans la version française, le "*what*" a été traduit par "*quoi*", mais nous pencherions pour la variance, confirmée par le *Harrap's* et reprise par Carrazé et Oswald, op. cit., p. 94, de "*pourquoi*".

[44]Carrazé et Oswald, *ibid.*, loc. cit., p. 6. En tant que réalisateur, il a ainsi multiplié les références au *Prisonnier* dans un épisode de 1975 de la série *Columbo*, symboliquement intitulé "*Identity crisis*", *ibid.*, p. 229.

[45]En effet, il ne faut absolument pas minimiser dans cette série l'importance fondamentale de la critique sociale, par ailleurs très souvent relevée.

[46]Comme dans *Les Mouches*.

[47]La double preuve vient de McGoohan lui-même, lorsqu'il parle de "*monstre*" pour définir le prisonnier, et qu'il écrit: "*Je suis un homme libre ET un prisonnier... qui combat avec beaucoup de bonheur. Et cela est sans fin. Chaque jour est un commencement et, comme on dit, "be seeing you"*", p. 8 de Carrazé et Oswald, *ibid.*, loc. cit. On peut noter, en appendice, l'aspect *volontairement* religieux (et apocalyptique) de ce passage ("*Chaque jour est un commencement*"). Finalement, la morale de la série a une dialectique assez proche de ce passage d'une chanson de 1982 d'Alain Bashung: "*J'envisage un remake rien qu'sur moi/ J'envisage de m'revoir seul à seul/ J'envisage.../ J'envisage le pire*" (Alain Bashung/Alain Bashung-Serge Gainsbourg, *J'envisage*, extrait de l'album *Play blessures* de 1982). Notamment dans le développement qui va de la description d'un macrocosme (le Village - qui est aussi une forme de microcosme - dans *Le Prisonnier*, et les accidents extérieurs dans *J'envisage*) à l'analyse, plus ponctuelle et évasive du *Moi* - identifiable, comme on l'a montré, au microcosme - (Bashung implore "*J'aimerais pas qu'on m'ausculte, de quel droit?*", et McGoohan ne fait que définir son personnage par ce qu'on connaissait déjà de Drake, le caractère entier, mais de nous dit ni ses goûts, ni ses tics, par ex. dans les troisième et quatrième épisodes, on le voit tourner en rond dans sa chambre, en ne pensant qu'au moment de sa démission, ce qui montre bien une volonté explicite de non caractérisation, qui était-il avant sa démission?, en fait, là encore, il faut comprendre que l'effacement de ses caractéristiques individuelles propres en fait un personnage moral, symbolique de l'homme contemporain en général - même l'avant dernier épisode, qui ébauchera une cure psychanalytique, nous offre la vision stéréotypée du passé plus ou moins quelconque d'un "monsieur tout le monde" à tendance contestataire, mais sans plus, ce qui est curieux pour un ex-agent secret, il n'y est de fait même pas précisé quelles types de mission il a eu à remplir, mais simplement, l'autorité scolaire s'y identifie à l'autorité militaire et juridique, c'est-à-dire à une administration surpuissante et aveugle, de type kafkaïen, cf. note 5 *supra*). On retrouve encore, de manière très significative (par rapport à la mentalité des années 1970) ce même discours opposant l'individu et ses choix à ceux, normatifs, de la société (et, en l'occurrence, de la mode) dans le film *Quadrophenia* (1979) des Who. Cette nécessité de trouver un statut à l'individu semble être une question très moderne, dont l'origine sociologique se trouve dans la mutation de la société au XVIIIème s., qui à la fois s'industrialise et devient de ville. Ainsi dès alors, en réponse aux philosophes libéraux (pour

lesquels l'individu - du moins le travailleur, c'est l'individu "*anonyme*" qui intéresse toutes les oeuvres visant à stigmatiser sa normalisation pour les besoin de la société dévorante, cf. notes 2ss. et texte correspondant *supra* - n'a de valeur que par les services qu'il peut rendre à la société des nantis), les philosophes qu'on a nommé sociaux proposent une vision plus humaine et surtout moins tragiquement hiérarchisée du rôle de l'individu dans le corps social (parfois cette conception trouve de brillants défenseurs en la personne des romanciers, tel Jonathan Swift entre autres dans son célèbre pamphlet de 1729 intitulé *Modeste contribution pour empêcher les enfants des pauvres en Irlande d'être à charge de leurs parents ou leur pays et pour les rendre utiles au public*). En est significative la solitude récurrente des héros de Wells, de Kafka, de Camus ou encore de Jean-Paul Sartre (*Huis-clos* de 1944, *Les Mains sales* de 1948 - oeuvre paradigmatique de l'opposition entre les choix idéaux de l'individu et leur perversion par la raison social qui se confond avec la raison politique, aussi bien au sens littéral qu'étymologique du terme -). On a même voulu expliquer le Nouveau Roman par une impossibilité de dire, consécutive à la fracture de la Seconde Guerre Mondiale. Cette explication, sur un terme plus court, nous paraît tout à fait pertinente pour expliquer (par la notion de manque, qu'on retrouve très clairement chez Patrick Modiano), avec le développement massif d'une normalisation économique (développement d'une société de consommation, stigmatisée comme futile par la génération précédente, discours moralisateur repris par des représentants aussi bien de la génération précédente donc, citons un des derniers films, à sketchs, de Jean Renoir, que par ceux de la génération même du "baby-boom", comme les Who dans *Quadrophenia* justement), le discours sur l'individu des oeuvres comme celle de McGoohan (qui en est sans conteste à la fois la plus représentative et la plus intelligente).

[1]"*Le Prisonnier: du Moi à l'Etre - Essai d'interprétation objective*", publié dans *Le Rôdeur*, N°s 16, 17 et 18.

[2]Cf. par ex. Aby Warburg, *Essais florentins*, Paris, Klincksieck, 1990, p. 211: "*à propos de Leonello d'Este, par exemple, on raconte qu'il portait pour chaque jour de la semaine, comme les anciens mages d'Arabie, des vêtements aux couleurs des planètes*".

[3]*El Nuevo Diario*, Managua, Nicaragua, 1997-1999, dont nous sommes le créateur, responsable et auteur.

[4]Cf. Philippe Ariés et Georges Duby, *Histoire de la Famille*.

[5]Cf. N.B. Barbe, "*Los dos mundos de Jorge Luis Borges (apuntes para el estudio de su obra)*", *La Prensa*, Section "*La Prensa Literaria*", Managua, 18/04/1998, pp. 2-3.

[6]Nous entendons ici ce terme comme synonyme du problème de l'Etre au sens large.

[7]Voir non seulement le thème de la persécution, évident dans la série, mais aussi, par exemple, le titre original de l'épisode numéro 5: "*The Schizoid Man*".

[8]Même réflexion que dans la note précédente. On pourrait même dire ici "ontique".

[9]Qui fait partie de la matière, du monde matériel.

[10]Isaac Asimov, *Visiones de Robot*, Barcelona, Plaza & Janés, 1995, pp. 79-101 et 273.

[11]*Ibid.*, pp. 200-225.

[130]Cf. les No 32-35 de notre revue *Gojón*.

[131]https://en.wikipedia.org/wiki/The_Girl_Who_Was_Death

[132]https://fr.wikipedia.org/wiki/La_Mort_aux_trousses

[133]https://www.youtube.com/watch?v=ig_7Es1h0eQ&feature=emb_logo

[134]https://fr.wikipedia.org/wiki/La_Maison_du_docteur_Edwardes

[135]https://fr.wikipedia.org/wiki/Total_Recall

[136]Cf. notre travail sur la série, qui reçut le Prix Arts et Lettres de France, section Essai, en 1995: "*Le Prisonnier - Du Moi à l'Etre - Essai d'interprétation objective*", *Le Rôdeur*, I partie: No 16,

Décembre 1995, pp. 40-43; II partie: No 17, Juillet 1996, pp. 23-27; III et dernière partie: No 18, Janvier 1997, pp. 29-32; cahier de notes à part; postérieurement publié en volume sous le titre: *Patrick McGoohan's The Prisoner*, Bès Éditions, 2004.

[137]Et que nous avons étudié *in ibid.*

[138]https://fr.wikipedia.org/wiki/Patrick_McGoohan

[139]https://en.wikipedia.org/wiki/List_of_The_Avengers_(TV_series)_episodes#Series_4_(1965%E2%80%931966)

[140]https://en.wikipedia.org/wiki/List_of_The_Avengers_(TV_series)_episodes#Series_6_(1968%E2%80%931969)

[141]https://en.wikipedia.org/wiki/The_Persuaders!#Episode_list

[142]https://lemondedesavengers.fr/index.php/chapeau-melon-bottes-de-cuir/saisons/saison5/le-vengeur-volant

[143143]https://en.wikipedia.org/wiki/List_of_The_Avengers_(TV_series)_episodes#Series_5_(1967)

[144]https://en.wikipedia.org/wiki/The_Lady_Vanishes

[145]https://en.wikipedia.org/wiki/List_of_The_Avengers_(TV_series)_episodes#Series_5_(1967)

[146]https://fr.wikipedia.org/wiki/Le_Faucon_maltais_(film,_1941)

[147]https://en.wikipedia.org/wiki/List_of_The_Avengers_(TV_series)_episodes#Series_6_(1968%E2%80%931969)

[148]https://fr.wikipedia.org/wiki/Le_train_sifflera_trois_fois

[149]https://en.wikipedia.org/wiki/List_of_The_Avengers_(TV_series)_episodes#Series_6_(1968%E2%80%931969)

[150]https://en.wikipedia.org/wiki/List_of_The_Avengers_(TV_series)_episodes#Series_4_(1965%E2%80%931966)

[151]https://en.wikipedia.org/wiki/List_of_The_Avengers_(TV_series)_episodes#Series_5_(1967)

[152]https://en.wikipedia.org/wiki/The_New_Avengers_(TV_series)#Series_1_(1976%E2%80%9377)

[153]https://en.wikipedia.org/wiki/List_of_The_Avengers_(TV_series)_episodes#Series_4_(1965%E2%80%931966)

[154]https://en.wikipedia.org/wiki/List_of_The_Avengers_(TV_series)_episodes#Series_6_(1968%E2%80%931969)

[155]https://en.wikipedia.org/wiki/The_New_Avengers_(TV_series)#Series_1_(1976%E2%80%9377)

[156]https://en.wikipedia.org/wiki/List_of_The_Avengers_(TV_series)_episodes#Series_6_(1968%E2%80%931969)

[157]https://portmeirion.wales/

[158]"- *Requiem (1969)*
- *Who Was That Man I Saw You With? (1969)*
- *Stay Tuned (1969)*
- *Wish You Were Here (1968)*
- *Legacy of Death (1968)*" (https://www.imdb.com/name/nm0149548/)

[159]Les épisodes 1 (https://en.wikipedia.org/wiki/Arrival_(The_Prisoner)); 2 (https://en.wikipedia.org/wiki/The_Chimes_of_Big_Ben); 8 (https://en.wikipedia.org/wiki/Dance_of_the_Dead_(The_Prisoner)); et 9 (https://en.wikipedia.org/wiki/Checkmate_(The_Prisoner)).

[160]https://en.wikipedia.org/wiki/List_of_The_Avengers_(TV_series)_episodes#Series_6_(1968%E2%80%931969)

[161]https://en.wikipedia.org/wiki/The_New_Avengers_(TV_series)

[162]Cf. "*Le Prisonnier - Du Moi à l'Etre - Essai d'interprétation objective*".

[163]https://fr.wikipedia.org/wiki/2001,_l%27Odyss%C3%A9e_de_l%27espace

[164]https://en.wikipedia.org/wiki/Fall_Out_(The_Prisoner)#Plot_summary

[165]Cf. notre ouvrage sur le camerino d'Alfonso Ier d'Este.

[166]https://en.wikipedia.org/wiki/Arrival_(The_Prisoner)

[167]https://fr.wikipedia.org/wiki/Star_Trek_(s%C3%A9rie_t%C3%A9l%C3%A9vis%C3%A9e)

[168]https://fr.wikipedia.org/wiki/Amicalement_v%C3%B4tre

[169]https://fr.wikipedia.org/wiki/Le_Prisonnier

[170]https://fr.wikipedia.org/wiki/Le_Fugitif_(s%C3%A9rie_t%C3%A9l%C3%A9vis%C3%A9e,_1963)

[171]https://fr.wikipedia.org/wiki/Les_Envahisseurs

[172]https://fr.wikipedia.org/wiki/Kung_Fu_(s%C3%A9rie_t%C3%A9l%C3%A9vis%C3%A9e)

[173]https://fr.wikipedia.org/wiki/L%27Incroyable_Hulk

[174]Albert Camus, *Le mythe de Sisyphe - Essai sur l'absurde - Nouvelle édition augmentée d'une étude sur Franz Kafka*, Paris, Gallimard, 1942, pp. 28-29.

[175]*Ibid.*, pp. 77-78.

[176]*Ibid.*, pp. 146-147.

[177]*Ibid.*, p. 29.

[178]https://en.wikipedia.org/wiki/Fall_Out_(The_Prisoner)

[179]"*The President then presents Number 6 as a third form of revolt, but as "a revolutionary of a different calibre" to be treated with respect. Number Six is shown his home in London is being prepared for his return, and he is presented with a million in traveller's cheques, petty cash, a passport, and the keys to his home and car. The President says Number Six is free to go home or go wherever he wants, but requests that Number 6 stay and lead them as his behaviour has been so exemplary. The President then asks Number Six to address the assembly, but as he begins each sentence with "I" the assembly drowns him out with shouts of "Aye! Aye! Aye!..."*" (https://en.wikipedia.org/wiki/Fall_Out_(The_Prisoner)#Plot_summary)

[180]https://fr.wikipedia.org/wiki/L%27Homme_qui_rit

[181]https://www.youtube.com/watch?v=FaF2Q8lFI-I

[182]https://fr.wikipedia.org/wiki/La_Dialectique_%C3%A9ristique

[183]https://www.youtube.com/watch?v=FaF2Q8lFI-I

[184]On en retrouve, doigt pointé, la posture dans l'affiche "*Mes ronchonnades Le Père Duranton*" (58'08"-58'51") de *La famille Duraton* (1939, Christian Stengel), https://www.youtube.com/watch?v=LXKJzMqUaD0; film qui, par ailleurs, nous permet de confirmer: face à la cuisine chinoise (impossibilité du bon français, par opposition aux Parisiens de l'entreprise radiophonique, de se servir des baguettes, ensuite grimace de dégoût lorsque, finalement, il utilise une grosse cuillière à soupe pour manger, puis choix dans le menu d'un plat de vers), le principe que nous avons énoncé dans *Deux Essais sur le Rire*, 2004, que la nourriture étrangère est toujours à l'origine du comique, comme dans *Le Père Noël est une ordure* (1982, Jean-Marie Poiré); et, par rapport à l'apparition du mot, de la langue soutenue, "*ectoplasme*" en bouche d'une actrice radiophonique se plaignant avec sa voix typique de Parisienne, la reprise de l'opposition, identique, entre le mot "*Atmosphère*" et la voix typique d'Arletty dans *Hôtel du Nord* (1938, Marcel Carné) de l'année précédente.

[185]https://www.youtube.com/watch?v=FaF2Q8lFI-I

[186]Dans un ordre similaire d'idées, c'est l'iconographie, référée à *Dirty Harry* (1971, Don Siegel), de Clint Eastwood le doigt tirant sur une gachette imaginaire dans les films (http://images.rapgenius.com/66fe74ea4a76169b137849a71c09ba2c.580x290x1.jpg, de *Gran Torino*) et dans ses portraits photographiques (http://a407.idata.over-blog.com/0/14/20/80/photos/Realisateurs/eastwood-clint.jpg), que nous évoquons dans notre travail sur "*Le portrait photographique de Clint Eastwood par Patrick Swirc*".

[187]https://www.wdl.org/fr/item/576/

[188]N.-B. Barbe, *Air Force One - Avión Presidencial*", *El Nuevo Diario*, 3/11/1997, p. 16.

[189]https://fr.wikipedia.org/wiki/Air_Force_One_(film)

[190]Thèse que nous avons développée pour définir et comprendre la figure du No 6 dans "*Le Prisonnier - Du Moi à l'Etre - Essai d'interprétation objective*".

[191]Nous reprenons et développons ce concept notamment dans notre étude "*Lacan y la psicología de los espacios; lo íntimo en La carta robada*", http://lacan-poetica.blogspot.com/; sur le caractère symbolique et hautement archétypique du No 6, cf. aussi notre travail sur l'*Unheimliche* freudien dans l'art cinématographique contemporain, dans notre ouvrage *La construction du Moi: III. Dans la pensée contemporaine - 4 Essais sur le héros monstrueux*, 2010.
[192]Camus, p. 147.